U0710808

# 考古的故事

## 山西『十二五』考古成果展

山西博物院 山西省考古研究所 编

山西出版传媒集团

山西人民出版社

**图书在版编目（CIP）数据**

考古的故事：山西"十二五"考古成果展 / 山西博物院，
山西省考古研究所编. — 太原：山西人民出版社，2016.12

ISBN 978-7-203-09777-8

Ⅰ.①考… Ⅱ.①山… ②山… Ⅲ.①出土文物—介绍—山西
Ⅳ.①K873.25

中国版本图书馆CIP数据核字(2016)第256991号

考古的故事 ： 山西"十二五"考古成果展

| | |
|---|---|
| 编　　者 | 山西博物院　山西省考古研究所 |
| 责任编辑 | 刘小玲 |
| 装帧设计 | 后司视觉 |
| 出版者 | 山西出版传媒集团·山西人民出版社 |
| 地　　址 | 太原市建设南路21号 |
| 邮　　编 | 030012 |
| 发行营销 | 0351—4922220 4955996 4956039 4922127（传真） |
| 天猫官网 | http://sxrmcbs.tmall.com　电话：0351-4922159 |
| E-mail | sxskcb@163.com 发行部 |
| | sxskcb@126.com 总编室 |
| 网　　址 | www.sxskcb.com |
| 经销者 | 山西出版传媒集团·山西人民出版社 |
| 承印者 | 北京雅昌艺术印刷有限公司 |
| 开　　本 | 889mm×1194mm 1/16 |
| 印　　张 | 15.25 |
| 印　　数 | 1-3000册 |
| 版　　次 | 2016年12月 第1版 |
| 印　　次 | 2016年12月 第1次印刷 |
| 书　　号 | ISBN 978-7-203-09777-8 |
| 定　　价 | 220.00元 |

如有印装质量问题请与本社联系调换

# 序

汗牛充栋的史书，即使在世界文明古国，记载的也只是历史冰山的一角。更多发生在过去的故事，或遗失在时间的旅途，成为后人无法破解的历史疑案；或沉睡于黄土的深处，等待着考古学家开启对话的大门。

考古学是一门集诸多人文、自然科学于一体的综合类学科。考古工作包含了史事的文献考证、专题性田野调查、系统性考古发掘、关联碎片的拼合分析、文物遗存的修复保护、材料技术与环境适应的分析测试、考古信息的综合研究以及成果的合理利用等。考古学家像是掌握多门类知识与技能的优秀侦探，在野外的沟谷剖面上，在朦胧的城址废墟里，分析记录古人的系统行为信息，复原解读历史事件的过程与真相。

山西蕴藏着丰富的文物资源，无论在地上还是地下。"十二五"期间，从主动性考古研究课题，到配合经济建设的抢救性发掘，山西省考古研究所实施了近百个田野考古项目，收获了数以万计的遗迹遗物。考古人几乎每年都会给公众带来发现的惊喜，解密了许多学术疑团和历史事件，丰富了山西古老的地域历史与文化遗产。

考古学家正在承担更多的社会责任与文化责任，让公众了解他们的科学研究成果。为此，我们选择了19个考古项目的近800件展品，特邀考古项目主持人和专家，以故事的形式，将五年来的山西重要考古成果汇报展示给公众。期待着与你们一起走进考古，分享其扑朔迷离的发现经过和探索解谜的心路历程，进而从考古故事凝练的精神中提升当代文化的自信、汲取创新发展的智慧和力量。

山西博物院 院长 石金鸣

山西省考古研究所 所长 王万辉

2016 年 12 月

# INTRODUCTION

Even in the ancient civilizations of the world, an immense number of historical books can only record a tip of the iceberg of history. More stories that happened in the past may be lost in the journey of time and become unbreakable historical mysteries. Or they may sleep deeply underground, waiting for archaeologists to open the door for dialogue.

Archaeology is an integrated discipline which sets a lot of humanities and natural science in one subject. The archaeological work includes the textual research of historical events, the special field investigation, the systematic archaeological excavation, the combination and analysis of the related pieces, the restoration and protection of cultural relics, the analysis and testing of materials technology and environmental adaptation, the comprehensive study of archaeological information, the rational utilization of the results and so on. Archaeologists are like excellent detectives who own the knowledge and skills of different categories. They analyze and record the systematic behavior information of the ancients, and restore and interpret the process and truth of historical events in gully sections of the field or in hazy site ruins.

Shanxi is rich in ground and underground cultural relics. During the Twelfth Five-Year Plan (2011-2015), Shanxi Archaeological Institute had carried out nearly one hundred field archaeological projects, including some initiative archaeological research projects and economy-oriented rescue and excavation projects, and discovered tens of thousands of cultural relics. Those archaeologists brought the public surprising discoveries almost every year. Their discoveries solved many doubts and questions in the academic field, explained many historical events and further enriched the ancient history and cultural heritage of Shanxi.

The archaeologists are bearing more social and cultural responsibilities in letting the public know the scientific research achievements they have made. Thus, we have selected nearly 800 pieces of exhibits from 19 archaeological projects and invited some project leaders and experts to report some important archaeological achievements made in Shanxi in the last five years to the public in the form of stories. We hope you can join us and we are also expecting to share some complicated and confusing things that happened during the process of discovery and our mental journey in solving puzzles. We aim to strengthen our confidence in the contemporary culture and derive wisdom and strength for innovative development.

Shi Jinming, Director of Shanxi Museum
Wang Wanhui, Director of Shanxi Archeological Research Institute

# 目　录

# 概 述

谢尧亭

"十二五"期间，山西省考古研究所根据山西考古事业发展趋势，调整科室结构、优化人才配置，内设办公室、信息资料考古研究部、史前考古研究中心、历史考古研究中心、基建考古研究部、科技考古研究部、公众考古研究部、大遗址保护规划考古研究部、侯马考古工作站、晋东南考古工作站十个部门。它们负担着山西境内地下文物的调查、发掘、研究、保护和传承等工作。通过多年努力，现已发展成为集古遗址保护规划、考古调查发掘、文物保护修复、考古学课题研究、考古知识传播于一体的综合性考古部门。

下面我将从主动性考古调查发掘与大遗址保护、基本建设过程中重要考古发掘、考古资料整理出版与信息化建设、文物保护与科技考古、公众考古与考古科普等五个方面综述山西省考古研究所近五年的考古工作。

## 一、主动性考古调查发掘与大遗址保护

我所在"十二五"期间全面推进大遗址的文物保护和主动性考古调查发掘等工作。其中，国家或省级立项支持开展的主动性发掘和大遗址抢救保护项目共计 19 项，分别是襄汾县丁村旧石器时代遗址、沁水县下川旧石器时代遗址、陵川县西瑶泉旧石器时代洞穴遗址、襄汾县陶寺新石器时代遗址、绛县

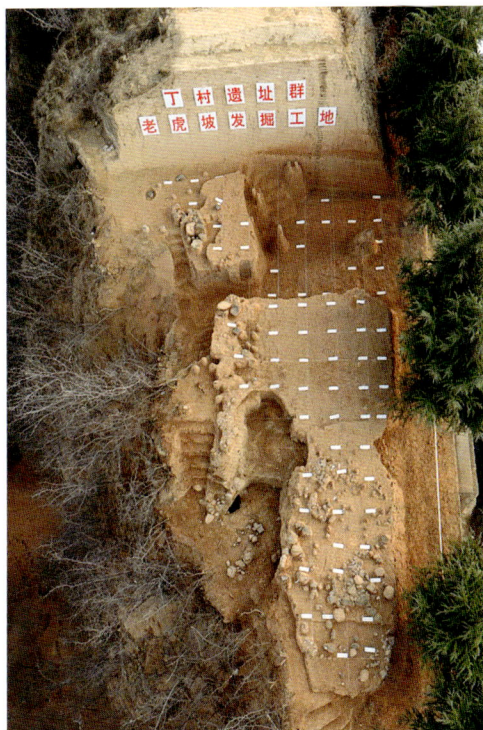

老虎坡地点发掘现场

周家庄新石器时代遗址、兴县碧村新石器时代遗址、长子县西南呈西周墓地、绛县雎村西周墓地、翼城县大河口西周墓地、曲沃县曲村—天马两周遗址、翼城县苇沟—北寿城两周遗址、襄汾县陶寺北两周墓地、太原市晋阳古城遗址、大同市云冈石窟窟顶北魏至辽金寺庙遗址、忻州市九原岗北朝壁画墓、五台山佛光寺寺庙遗址、应县辽应州城遗址、永济市蒲州故城遗址、新绛县绛州衙署遗址，发掘面积达 6 万余平方米，共出土文物标本约 45000 件（套）。另外，我所还开展了芮城县西侯度遗址调查、怀仁县鹅毛口南街遗

址调查、右玉县沧头河流域区域考古调查、临汾盆地史前遗址调查、闻喜县玉坡千斤耙矿冶遗址调查与试掘、洪洞县永凝堡遗址综合调查、曲沃县曲村三张古城的调查与勘探、稷山县玉璧古城考古调查、万里茶道山西段文化资源调查等 9 个考古调查项目，调查面积约 2000 万平方米，钻探面积约 16 万平方米。此外还抢救发掘了武乡县涌泉乡凹里村战国墓、襄垣县下良镇西故县村金代墓、左权县栗城镇金代墓、长治县镇里村金代墓、沁县上庄村金代墓、汾西县郝家沟村金代墓、长治市郊区小罗村明代墓、壶关县北庄村明代墓等 8 处墓葬或墓地。现将重要收获简述如下：

## （一）襄汾县丁村旧石器时代遗址

丁村旧石器时代遗址群位于山西省襄汾县丁村一带汾河两岸，是新中国建立以后在周口店以外地区发现的首个大型旧石器时代遗址群。从 20 世纪 50 年代以来考古人在该地开展了多次考古工作，收获丰富。2011 年以来，山西省考古研究所与丁村文化工作站在丁村遗址群南部调查中发现 5 处石器地点，并且在石沟村采砂场发现一块人类枕骨残片。2013—2014 年，我们对石沟村采砂场的两个地点进行发掘，获得石制品及动物化石 1600 余件。2014—2015 年，山西省考古研究所与襄汾县博物馆在丁村遗址群东北部黄土塬区调查发现石器地点 46 处，并对其中老虎坡、九龙洞、过水洞等地点进行了考古发掘，发掘面积共计 300 平方米，获得了 2900 余件石制品和动物化石，发现原始人类石器打制现场、人类用火遗迹及 5—10 万年人类活动遗迹等重要遗迹现象，为研究丁村遗址地

石沟地点第 2 地点

古菱齿象上颌骨化石

质变迁、复原埋藏环境、古人类行为方式及丁村遗址公园建设和博物馆展陈提供了第一手科学研究资料。

## （二）沁水县下川旧石器时代遗址

下川遗址位于沁水县下川乡，是一个内涵十分丰富的旧石器时代晚期文化遗址。20 世纪 70 年代，山西省考古研究所、中国社会科学院考古研究所先后对该遗址进行了调查、

下川遗址火塘遗迹

刮削器　　　　　　石磨盘

发掘，确定了下川遗址范围，考古材料对研究
中国细石叶文化起源及粟作农业起源具有重
要意义。2014 年，由我所和北京师范大学历
史学院组成联合发掘队，对下川遗址进行重新
发掘，发现了火塘遗迹和禾类植物种子。下川
遗址可能囊括了距今 4 万年到 1 万年前旧石器
时代晚期文化发展的全过程，完整地揭示其内
涵将为认识现代人在中国的出现、迁徙、文化
交流、行为方式以及新旧石器时代过渡等重大
学术问题增添新的内容。

### （三）襄汾县陶寺新石器时代遗址

陶寺遗址位于襄汾县东北大约 7.5 公里
的陶寺镇南侧的塔儿山下，总面积 300 余万
平方米。陶寺遗址被发现于 20 世纪 50 年代，

1978—1985 年、2001—2007 年、2009 年至今，
中国社会科学院考古研究所山西队、山西省
考古研究所及临汾市文物局组成联合考古队
对该遗址展开连续性的区域考古调查和发掘
工作。

拉网式考古调查确定了陶寺文化遗址群
范围，初步搞清了陶寺遗址作为都城的宏观
聚落形态的背景情况。三个阶段共发掘 11000
余平方米，初步揭示出陶寺遗址是中国史前
功能区划完备的都城，由宫城、外郭城组成，
城内有贵族居住区、仓储区、王族墓地、观
象祭祀区、工官管理的手工业作坊区、平民
居住区等。兴建与使用的时代为距今 4300—
3900 年。王族墓地随葬的陶龙盘、陶鼓、鼍鼓、
特磬、彩绘木器、玉器等礼乐器表明礼乐制
度早已成熟。遗址中出土的铜铃、容器口沿、
齿轮形器、环、蟾蜍等 5 件铜器构成中国史
前时期最丰富的红铜铸造铜器群。集观象授

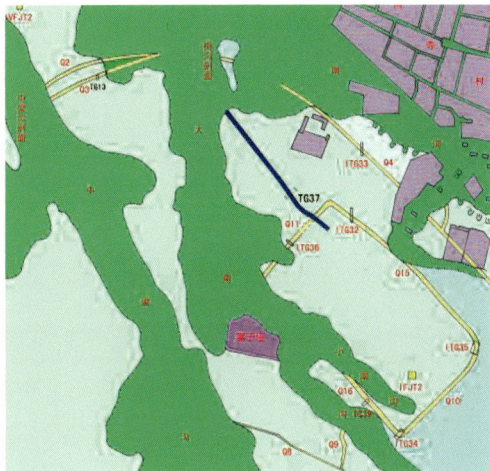

陶寺遗址宫城示意图

陶寺城址外北部的"泽中之方丘"

陶寺宫城排水渠（G17）

陶寺龙纹陶盘

H250 上层人骨

H250 下层兽骨

祭祀坑

时与祭天为一体的观象祭祀台，被天文史学界认为是世界考古发现最早的同类建筑。扁壶上朱书陶文虽然在释读为何字方面尚存在分歧，但已被绝大多数学者认为是目前我国考古发现最早的汉字。贵族墓葬出土的数量可观的玉石钺，充分显示出王权在陶寺遗址社会中的主导地位。带有防御设施的王宫内，有一定数量的夯土宫殿建筑群，大者面积达8000 余平方米，小者数千平方米，与宫殿建筑相关的陶制建筑装饰材料的发现等等，都说明中国史前最初的宫室制度的形成。极少数的王墓与绝大多数的平民墓葬，以及贵族与平民在住宅的规模、地基处理技术和位置高下的差别，体现出陶寺遗址社会的分层结构。部分学者认为这是阶级对立的表现。一系列的考古证据表明，陶寺遗址在年代、地理位置、规模、内涵和等级以及它所反映的文明程度等方面，都与尧都比较契合。

## （四）绛县周家庄新石器时代遗址

周家庄遗址位于绛县横水镇的周家庄、崔村等村落之间，总面积400 余万平方米。

是目前所知最大的史前遗址之一。2007 年以来，由中国国家博物馆田野考古研究中心与山西省考古研究所、运城市文物保护研究所组成的联合考古队，连年利用春秋两季展开科学的田野发掘，目前已经取得较为丰厚的成果。周家庄遗址的发掘，首次在运城盆地

陶甗

瓮棺葬集中分布区

陶窑

确认了一处特大型龙山时期遗址，并发现了巨型环壕这种大型的公共工程，这为确立该遗址中心聚落的地位提供了重要依据。周家庄聚落环壕内，发现了一处集中的房屋和大型墓地，且不同区域存在多处居址；墓地中墓葬成组分布，成人土坑墓与儿童瓮棺葬共存，中间有集中的瓮棺葬区。墓葬规模和结构不同，反映了一般社会成员中的身份差异。

## （五）兴县碧村新石器遗址

碧村遗址位于吕梁市兴县高家村镇碧村北，西接黄河，南临蔚汾河，北抵猫儿沟，东以一道横亘南北的石墙为界，形成一个相对封闭的地理单元。遗址面积约 75 万平方米，以龙山时期遗存最为丰富。

2014 年下半年至今，我们组织了课题组，对碧村遗址进行了系统的考古工作，包括对碧村遗址的勘探和小规模发掘，对周边区域的系统调查，其中勘探面积 3 万平方米，发掘面积 500 平方米。通过勘探与发掘，我们在碧村遗址小玉梁发现了地层清晰、时代明确的大型石砌房址及护坡墙等设施，还发现了零星的玉器残片，并在城墙圪垛上发现了

石砌房址

蛋形瓮

遗址东城墙的线索。同时，通过对碧村所在的蔚汾河干流地区的拉网式调查，我们发现了仰韶、龙山、二里头、汉代等多个阶段遗存，在兴县蔚汾河及黄河沿岸地区发现了6座龙山时期石城，其中以白崖沟石城保存最为完整，规模超过100万平方米。

碧村遗址发现的意义在于，第一次在晋西高原发现了龙山时期的大型石砌房址和城墙，进一步深化了学术界对史前时期北方石城遗址分布范围的认识；小玉梁上龙山时期大型石砌排房的存在，为认识晋西乃至北方石城遗址的聚落形态与社会结构提供了崭新的考古资料；碧村遗址玉器的发现，为玉文化在黄河东岸的传播路线找到了新的重要支撑点。碧村遗址地处黄河与蔚汾河的交汇地带，遗址规模大、等级高，与陕西神木石峁遗址直线距离约50公里，其重要发现为探索黄河两岸地区的文化与社会提供了重要资料，为研究北方地区文化与中原文化之间的关系奠定了基础。

## （六）翼城县大河口西周墓地

大河口墓地位于翼城县城以东约6公里处的大河口村北高台地上。墓地北眺二峰山，西临浍河主干道，南临浍河支流，

房址

墓葬出土彩绘陶器

M8110 人骨特写（自东向西）

处于两河交汇的高台地上。

2007年9月至2008年5月，由山西省考古研究所牵头，临汾市文物局和翼城县文物旅游局配合，抢救清理了包括M1在内的8座墓葬，通过出土青铜器上的铭文确认该墓地为不见史籍记载的西周霸国墓地。2009年5月至2011年5月，我们对墓地进行了第一次大规模发掘，发掘面积15000余平方米，共清理不同等级的西周墓葬577座，出土各类器物15000余件套。其先后获得"2010年度全国十大考古新发现"和"2009-2010年度国家文物局田野考古一等奖"。2014年7月至今，我们正在开展第二次大规模考古发掘，

大河口遗址发掘区鸟瞰

预计发掘面积 14000 余平方米。截至目前，共发现和清理墓葬 358 座、灰坑 45 个、房址 1 座、车马坑 1 座。墓葬头向以西向为主，墓主葬式多为仰身直肢，发现腰坑和殉狗较多，随葬品以陶鬲、罐为主，有的墓葬出土铜戈、铜泡、铜镞、蚌饰、海贝、骨器、玉石器等，个别墓葬出土青铜容器和漆器。陶器多置于二层台上，铜戈、铜泡、铜镞、蚌饰、海贝、骨器、玉石器等多置于棺内。

陶鬲

青铜器铭文显示，大河口墓地是以"霸"国族为主体人群的墓地，墓葬时代横贯西周，晚期进入春秋初年。该墓地是新发现的一个不见于文献记载的西周封国墓地，与绛县横水墓地存在诸多相似之处，对于研究西周时期晋南地区封国之间的关系和西周文化与社会等都具有非常重要的价值。

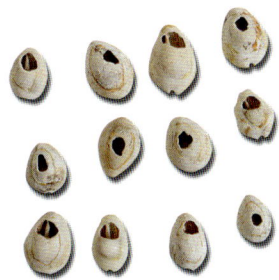

海贝

## （七）长子县西南呈西周墓地

2012 年 8 月，为配合长子县西南呈村中心幼儿园建设，山西省考古研究所等在其建设区域内进行了调查、勘探及小型墓葬的试掘工作，判断该墓地为一处西周时期的大型墓地，学校院内初步探明西周时期墓葬 73 座、宋元墓葬 3 座，其中大型西周墓葬 5 座、车马坑 1 座。墓葬大部分保存完好，未被盗扰。

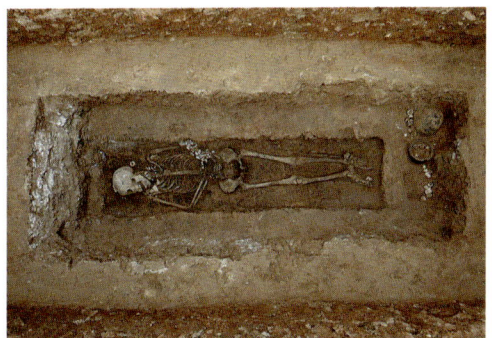

西南呈墓地小型墓 M48

2012—2015 年，发掘面积达 2000 平方米，发掘大、中、小型墓葬 90 座，墓主头向为北向，葬式以仰身直肢为主，出土青铜器、陶器等各类重要文物百余件套，尤其是大型墓葬 M15 的墓道内发现随葬有 14 辆车，这在全国同一时期的同类墓葬中较为罕见。墓地的发掘为研究晋东南地区西周时期的封国提供了宝贵的资料。

西南呈墓地 M18 号墓道出土车辆

## （八）襄汾县陶寺北两周墓地

陶寺北两周墓地位于襄汾县城东北约 7 公里的陶寺村北约 800 米处，在塔儿山以西，因盗墓被发现。

2014 年 7 月至 2015 年 1 月，我们对该墓地进行了两次大规模考古勘探，勘探结果表明，该墓地东西长约 600 米，南北宽约 400 米，总面积 24 万平方米左右。已探明墓葬 1283 座、车马坑 1 座。从墓葬分布情况来看，墓地存在小的分区，西北部墓葬年代较早，部分墓葬属西周晚期，东南部已至战国时期。2014—2015 年，我们已抢救发掘春秋中晚期大、中、小型墓葬 12 座，出土铜器、玉器、骨器等各类随葬品数十件，这是近年来山西南部发现的一处两周时期的大型墓地。

陶寺北墓地 II M1

陶鬲

马衔

玉鱼

## （九）忻州市九原岗北朝壁画墓

九原岗北朝壁画墓位于忻州市忻府区兰村乡下社村东北约 600 米处。2013 年 6 月下旬，由山西省考古研究所与忻州市文物管理处联合组成考古队对其进行了抢救性发掘，墓顶有封土堆，墓葬由墓道、甬道和墓室三部分

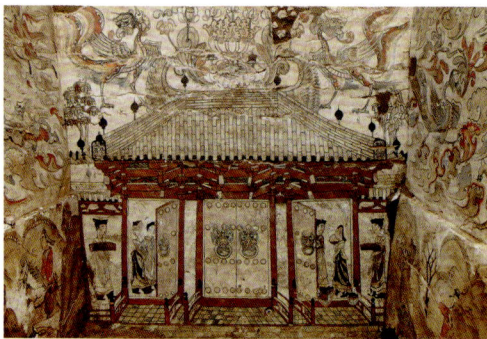

墓道北壁建筑壁画

墓道东壁仙人鸟兽、狩猎、出行图

构成，共清理壁画 200 余平方米，出土了大量陶俑残片及数十件铁质棺钉，另外还出土有少量的陶、瓷器残片。该墓葬以发现大型北朝壁画而闻名，壁画主要分布于墓道东、西、北三壁，甬道及墓室残存较少。墓道东、西两壁壁画内容自上而下各分为四层，由仙人鸟兽图、武士出行图、大型狩猎场景等组成。墓道北壁绘有一座规模宏大的庑殿顶木结构建筑，这在同时期墓葬中也是首次发现，首次以绘画的形式展现了北朝建筑的风采。

该墓葬的发掘填补了忻州地区北朝墓葬的空白，丰富的壁画内容对研究北朝社会生活、绘画艺术以及我国古代建筑史都具有非常重要的意义。

## （十）太原市晋阳古城遗址

晋阳古城遗址，位于太原市西南晋源区晋源镇附近，西城墙紧挨大运高速公路，南城墙在龙山大街以北，北城墙濒临蒙山大街，

二号建筑基址 TN01W02 遗迹面

东城墙靠近汾河西岸，古城面积大约 20 平方公里。2001 年该遗址被国务院公布为第五批全国重点文物保护单位。2002 年 9 月，联合国开发署将晋阳古城遗址的保护、开发和研究列为"21 世纪城市规划、管理与发展"援助项目；2006 年 12 月，国家文物局、国家财政部将晋阳古城遗址列入"十一五"期间全国百大遗址保护总体规划项目；2010 年 10 月 9 日，国家文物局公布了首批国家考古遗址公园名单，晋阳古城获得国家考古遗址公园立项。晋阳古城遗址是山西省历史记载最为详

一号建筑基址全景

唐三彩

汉白玉神王坐像

细、规模最大与文化积淀最深厚的古城，始建于春秋晚期（公元前 497 年），历经秦汉、三国、南北朝、隋唐、五代，于宋太平兴国四年（979 年）毁于战火。

从 20 世纪 60 年代开始，考古工作者就陆续在晋阳古城遗址开展规模不同的考古发掘。进入"十二五"期间，作为山西大遗址保护的一项中心工作，山西省考古研究所与太原市文物考古研究所、晋源区文物旅游局合作，进行了大规模的勘探，发现了晋阳城肇建之初春秋战国时期的城墙遗迹，并发现城墙两次大的营建及历代改建、扩建、修补过程；首次发现了宋初火烧晋阳城的遗迹现象，与文献记载吻合，

发现了城门 3 座、建筑基址 5 处、手工业作坊遗址 1 处；调查获取了 390 个有价值的地名，其中与晋阳城遗迹有关的 80 余个。另外，在晋阳古城遗址范围内的大殿台遗址、小殿台遗址、罗城故唐城遗址、一号建筑基址、晋源苗圃遗址等地点连续开展了大规模的考古发掘工作，发掘面积约 4000 平方米，尤其是一号大型建筑基址和二号大型建筑基址的发掘，对初步了解晋阳古城的城市布局提供了重要的线索。

## （十一）应县辽应州城遗址

2012 年 5 月至 2013 年 12 月，为配合应县木塔申报世界文化遗产，山西省考古研究所开展相关考古的勘探和发掘工作。考古工作以明代城墙为界，在其北部区域共勘探出三道东西向壕（水）沟、一条带状青砖堆积、

辽应州城夯土建筑基址解剖图

"品"字形夯土建筑基址

净土寺发掘现场

局部红烧土堆积、大面积踩踏面、东西向硬土堆积和三块"品"字形夯土台等遗迹。经过发掘，壕沟内发现窑渣、明代戳印"應"字青砖、金元夯土建筑基址等遗迹遗物。在佛宫寺遗址西区共发现遗迹21处，其中夯土2处，踩踏面2处，青砖区5处，池塘4个，明护城河2段，明城墙2段，沟2条。北区发现夯土1处，踩踏面1处，池塘2个，明护城河1段，明城墙1段，沟1条。北区夯土与西区夯土为同一走向，推测为早期佛宫寺的北墙。此外还确定了明代城墙、护城河

鼓楼西侧房屋遗迹

的位置。另外，考古发掘还搞清了明清以来净土寺大雄宝殿之前中轴线上的建筑布局，包括铺有砖石路面的中轴线、路面东西两侧的钟楼、鼓楼基址，中轴线中部的天王殿北部边缘，以及中轴线尽头的山门局部基址等。这些考古工作的开展，为辽应州城的范围、布局及部分建筑结构的研究提供了珍贵的材料和线索。

## （十二）永济市蒲州故城遗址

蒲州故城遗址位于山西省南部永济市西三十里蒲州镇境内的黄河岸边，这里曾因出土唐代大铁牛而闻名。遗址分为东、西两城，占地面积4.26km²。地表城墙整体保存较好，西城包砖城圈基本完整，并有城门、角台等附属设施，东城夯土城墙保存一般。2001年蒲州故城遗址被国务院公布为第五批全国重

鼓楼西建筑基址

蒲州故城遗址Ⅰ区发掘全景

蒲州故城遗址出土建筑瓦当

花口碗

点文物保护单位，2013 年列入第二批国家考古遗址公园建设立项名单。

为配合蒲州故城遗址国家考古遗址公园的申报、建设工作，山西省考古研究所于 2011 年编制《蒲津渡与蒲州故城遗址考古工作规划 2011-2015》，同年获国家文物局批准。

2012-2016 年，山西省考古研究所对蒲州故城遗址开展了持续考古工作，考古勘探 842000 平方米，考古发掘 6289 平方米。通过

考古工作完善了东城城址的平面形制，理清了地表城墙的始建年代，并配合蒲州故城古建筑保护方案设计、加固修缮等工程做了相关古建筑基址的发掘清理工作。尤为重要的是在东城内东南部发现了唐代地层，在西城内西北部找到了北朝至唐代时期蒲州故城的城墙遗迹，蒲州故城遗址考古工作取得了重要的阶段性成果。

蒲州故城遗址新发现的城墙证实了唐代蒲州城的存在，其年代可上溯至北朝时期，这与文献中蒲州北朝置州的记载相印证。这段城墙早于蒲州故城地表现存城墙，它的发现为确定北朝至唐代蒲州城的位置、分布范围提供了十分重要的线索和依据，对进一步探寻北朝之唐代蒲州城的规制布局、探讨蒲州城址的沿革、变迁以及推动蒲州故城国家考古遗址公园建设都具有十分重要的意义。

## （十三）新绛县绛州衙署遗址

2013 年 3 月至 2015 年 7 月，我们对位于新绛县县城内的绛州衙署遗址进行了为期 2 年 4 个月的主动性考古发掘和清理工作，发掘面积达 6300 平方米。其中，I 区位于现存大堂建筑前（南）的区域，II 区位于现存二堂后边（北）的区域，两个区域的发掘基本厘清了绛州衙署院落布局和建筑结构，揭露了唐、宋、金、元、明清各个时期的绛州衙署及其附属院落建筑群的时代变迁；出土了不同时期的陶、瓷质生活用器及砖、瓦类建筑构件，另有金属、石质品等遗物。其中，瓷器数量众多，种类丰富，窑口庞杂，约有 5 万余件，所见器物以碗、盘、碟、勺、罐、

绛州衙署遗址灶台遗迹

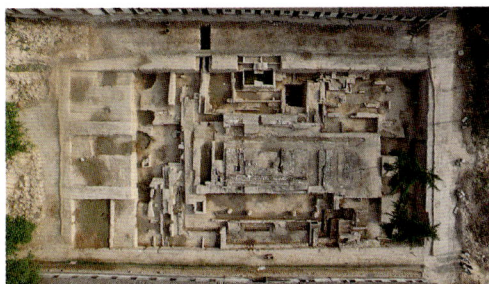
绛州衙署遗址Ⅱ区发掘全景

绛州衙署遗址出土瓷器

绛州衙署遗址出土建筑构件

缸、瓶、壶等日常生活用器为主。铜钱发现有隋五铢、唐开元通宝、乾元重宝及宋、金、明、清、民国不同时期的各类品种，铁质钱币的数量特别多，初步统计已超过 12000 枚。该遗址的发掘，为我们了解唐至明清地方官署建筑的布局结构、了解当时的历史文化提供了珍贵的资料。

# 二、基本建设过程中的考古发掘

"十二五"期间，山西省考古研究所配合基本建设的考古项目共计 60 项，涉及大西高铁、太兴铁路、汾酒保健酒扩建工程、翼城汇丰路、霍州至永和关（东段）、岢岚至临县高速公路、繁峙至大营高速公路、高平至沁水高速公路、阳泉至左权高速公路、神池至河曲高速公路、屯留县东崔村王庄煤矿、山西高校新校区、五台至盂县高速公路、孝义市中阳楼街道办桥南村安置房工程、汾阳市政府大楼、晋城至阳城一级公路、国临煤层气输气管道（临县段）、忻州环城高速项目、禹门口提水东扩工程、山西省实验中学方山高中新校区、侯马公路枢纽货运中心、希望铝厂综合循环经济园、长治至邯郸高速、青岛至兰州高速长治－临汾段、大营至神池高速原神段、青兰高速黎城至长治段改扩建、大准至朔黄铁路、左权至黎城高速、中南部铁路通道、吉县至河津高速、太原西南环铁路、国道 108 繁峙段、翼城县北环路、张礼至台头铁路、昔阳县松溪路、黄韩侯铁路、警官专科清徐校区项目、陕京三线输气管道、汾阳黄河物流园建设项目、临汾凤凰府一期

建设项目、平朔马营堡矿井项目、龙峰煤业
凤井场地建设工程、潞安高硫煤清洁利用、
晋中市榆次区羊毫街小学迁址新建项目、侯
马冶炼厂新月小区建设项目、晋中科创小南
庄整体搬迁工程（二期）、孝义市新义街道
办张家庄村安置房建设工程（一期）、长邯
高速改扩建工程潞城服务区项目、长子县赵
庄金光电厂墓葬、原平市采煤沉陷区综合治
理轩岗镇试点工程、右玉至平鲁高速公路建
设项目、山西伊甸城文化娱乐公园建设项目、
山西医科大学汾阳学院改扩建二期工程项目、
山西大同低变质烟煤清洁利用示范项目、晋
中市泰悦御庭住宅小区建设项目、晋中市第
一人民医院迁建项目、河曲旧县 2×35 万千
瓦低热值煤发电项目、羊毫街片区棚户区改
造项目、华电襄垣低热值煤发电项目、禹门
口提水东扩二期项目。发掘面积达 10 万平方
米，发掘墓葬 1541 座，遗址 16 处，祭祀坑
822 座，出土铜、铁、陶、玉、石器等各类文
物 7578 件套及大量陶器残片，时代涉及旧石
器、新石器、西周、东周、汉代、北齐、唐、宋、金、
元、明、清代等。现将重要考古发现简述如下：

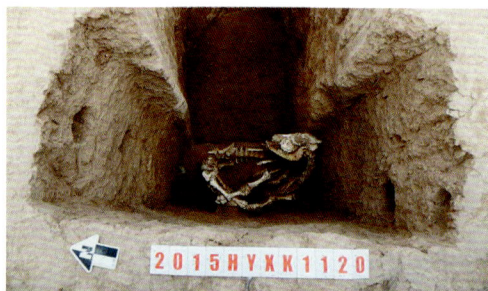
祭祀坑近景

## （一）侯马虒祁遗址

虒祁遗址位于侯马市高村乡虒祁村西北约 1.5 公里处，北距台神古城约 2 公里，地处浍河北岸。遗址东西长约 1000 米，南北宽约 800 米，总面积约 80 万平方米。自东至西由夯土建筑、墓地、祭祀遗址三部分组成。自

祭祀坑内出土玉龙

祭祀坑密集分布区

祭祀坑分布情况

1996 年 8 月至 2012 年 8 月我们先后对该遗址进行了 8 次大规模考古发掘。

2014 年 9 月到 2015 年 7 月，我们对新月小区建设区域内的祭祀坑和墓葬进行了抢救性考古发掘，并对其中部分重要遗存进行了搬迁保护。本次发掘面积达 13000 余平方米，共发掘祭祀坑 822 座，出土羊、牛、马等大量完整动物骨骼、400 多件玉石器和其他随葬品，年代为战国早期，属晋国晚期祭祀遗存；发掘墓葬 37 座，其中西汉墓 6 座、东汉墓 2 座、北魏墓 4 座、宋金墓 25 座。特别是发现的 4 座北魏墓葬，保存完好，在侯马地区属首次发现，价值极高。

### （二）临汾市神刘墓地

神刘墓地位于临汾市尧都区神刘村西南约 500 米，北临临汾市南环路，南环路以北即为下靳墓地，西侧距汾河约 600 米，海拔 450 米。2013 年，配合张台铁路建设，我所首次发现了神刘墓地，墓地东西长约 400 米，南北宽约 300 米，总面积约 12 万平方米。

在神刘墓地共发掘墓葬 49 座。一区揭露面积 800 平方米，发现墓葬 39 座，大致呈东西三排分布，较密集，有多组打破关系。二区揭露面积 1200 平方米，发现墓葬 10 座，

墓葬发掘现场

神流墓地出土陶器

多为"对子"墓，大致呈东西两排分布，发现围墓沟 4 座。墓葬形制分为土圹竖穴墓和洞室墓两种。其中，土圹竖穴墓 44 座，大多为南北向，少数为东西向，洞室墓 5 座。土圹竖穴墓有直壁型（口底同大）和斗型（口大底小）两型：直壁型土圹竖穴墓 14 座，葬具大多为一棺一椁，墓主大多头向北，仰身直肢葬者 13 座，陶器墓 11 座，出土陶器组合为鬲、豆、盆、罐或鬲、豆、盆、壶；斗型土圹竖穴墓 30 座，葬具大多为一棺一椁，大部分墓主头向北，多仰身直肢葬，陶器墓 8 座，出土陶器组合为鼎、豆、壶、罐、钵、匜。土洞室墓分正洞室墓和偏洞室墓，其中正洞室墓 4 座，偏洞室墓 1 座，洞室墓内只出土小件器物。此次发掘出土陶器 143 件，出土铜镜、铜带钩、铜饰件、铁带钩、形状不明铁器、玉石小件、骨器等各类小件器物 44 件。49 座墓，从其形制和出土器物来看，文化面貌和内涵属晋文化，年代从春秋早期延续至战国中期。

### （三）太原市开化墓地

开化墓地位于太原市晋源区罗城街道办事处开化村东北，汾河西畔，地处太原西山

魏晋砖室墓

（吕梁山余脉）东麓丘陵地带。东南距晋阳古城北城墙约 2.5 公里，西南距著名的开化寺蒙山大佛约 3 公里。该区域是晋阳古城遗址的宗教祭祀区和墓葬区。

2012 年 8 月至 2013 年 6 月，山西省考古研究所联合山西大学、太原市考古研究所和晋源区文物旅游局，配合太原西南环铁路建设，分三片区域对该墓地进行考古发掘工作，共清理墓葬 69 座，其中汉代墓葬 25 座，北齐墓葬 22 座，其他墓葬 22 座，出土陶器、陶俑、瓷器、铜器、铁器、墓志等文物近五百件。最为重要的是发掘出一批别具特色的汉代洞

北齐墓葬

北齐武士俑

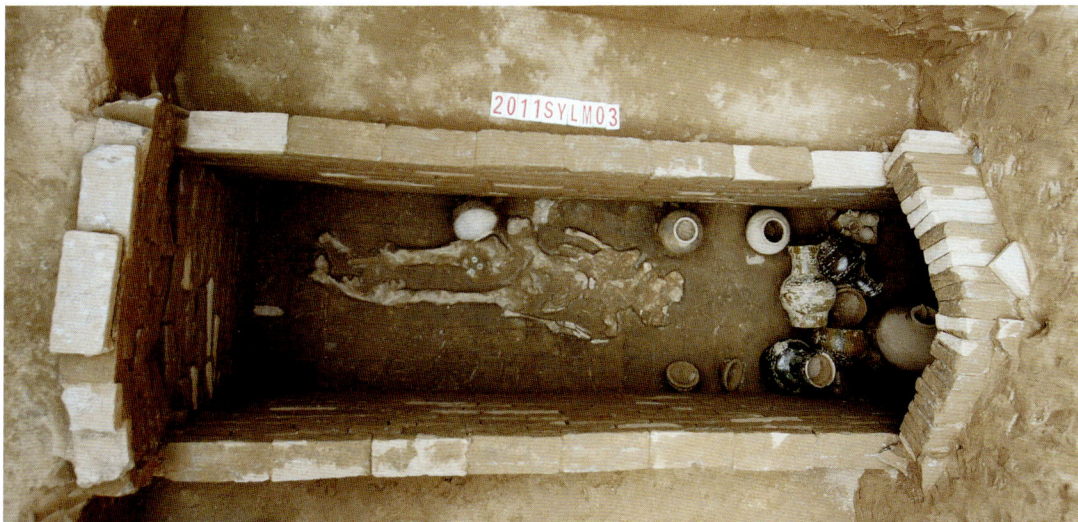

M3 墓室

室木椁墓、1 座规模宏大的魏晋砖室墓、3 座北齐陶俑墓。共出土了 135 件色泽鲜艳的陶俑，其中两座墓葬发现墓志，有明确的纪年。

开化墓地的发掘，属晋阳古城大遗址考古工作的重要组成部分，大大更新了我们对晋阳区域两汉、北齐时期居民丧葬习俗及人群构成的认识。

### （四）翼城县老君沟墓地

老君沟墓地位于翼城县城西北约 2 公里处，西距老君沟村约 200 米，在苇沟—北寿城遗址保护范围内，属省文物保护单位。

M3 出土文物

2011 年老君沟墓地在翼城县建设唐霸大道施工中发现，同年 3-5 月考古工作者进行了考古发掘，发掘面积约 2000 平方米。发掘墓葬 54 座，分为土洞室墓和砖室墓两种，其时代为汉、金、元、明、清代五个时期。其中东汉墓葬 23 座，包括土洞墓 13 座、砖室墓 10 座。金、元时期墓葬 13 座，包括土洞墓 4 座、砖室墓 9 座。明代墓葬 10 座，包括土洞墓 6 座、砖室墓 4 座。清代墓葬 8 座，均为土洞墓。

出土器物共计 824 件，种类有陶、瓷、铁、铜、骨、玛瑙器等。其中陶器 208 件，器形有罐、壶、盆、灶、瓦、俑等。瓷器 38 件，器形有碗、罐、瓶、盏等。铁器 42 件，器形有釜、灶、剑、环首刀、工具、灯盏等。铜器 507 件，有铜钱、铜镜、车马器、棺饰件、烟袋、铜扣、发饰等，其中铜钱数量甚多，占 80% 左右。骨器 25 件。玛瑙珠 4 件。

### （五）临汾市西赵遗址

西赵遗址位于临汾市尧都区尧庙镇西

M17 墓底平面

M45 出土的三彩瓶

40 座，其中隋代 2 座、唐代 10 座、金代 1 座、元代 1 座、明代 6 座、清代 13 座、时代不明墓葬 7 座。出土陶器 30 余件，陶俑 60 余件，瓷器 60 余件，鎏金铜器、银器、铜器、铁器和玻璃器等 40 余件，砖墓志 2 合、石墓志 1 合、墨书砖 1 块。特别是唐代陶俑的发现，具有重要的价值。

## （六）昔阳县宋金墓

为配合昔阳县中医院旧址建筑工程、松溪路管道工程建设，2013 年 5~9 月，山西省考古研究所与昔阳县文物管理所、昔阳县博物馆组成联合考古队，对昔阳县中医院旧址 4 座砖室墓和松溪路 2 座砖雕墓进行了考古发掘。昔阳县中医院旧址 4 座砖室墓坐北朝南，形制基本相同，由墓道、甬道和墓室组成。墓室平面为八角形，墓底设棺床，棺床分为倒"凹"字形

中医院 M3 壁画

松溪路 1 号墓俯视

赵村西，紧临村落，西距汾河 1 公里，处在汾河东岸二级台地上，西侧和南侧临大冲沟。遗址南北长约 2000 米，东西宽约 300 米，面积约 60 万平方米。

2013 年 9 月，临汾市三星凤凰府商品房项目在建设过程中发现古代墓葬。经勘探后，山西省考古研究所与临汾市文物局于 2013 年 11 月至 2014 年 1 月，对建设范围内的西赵遗址进行了考古发掘。

根据以往调查的结果，西赵遗址涵盖从夏至清不同历史时期的生活遗迹和古代墓葬，是一处面积较大且内涵丰富的古代遗址。此次考古发掘面积近 2000 平方米，共发掘遗迹 51 处，其中有夏时期灰坑 11 个。清理墓葬

松溪路 1 号墓出土瓷枕

松溪路 1 号墓出土成套茶具

和占墓室多半两种形式，墓顶为叠涩穹隆顶，墓室为仿木结构砖雕，其中 M3 有彩绘墓主人夫妇对坐图、庖厨图、放牧图和农具图等。各墓随葬品数量、品质差别较大，墓葬简单者仅随葬粗瓷白釉钵、铜钱若干。有壁画者出土器物相对丰富，有白釉印花碗、盘、梅瓶、陶盏托、铜镜、铜簪等。 M3 还出土了木质供桌和木质买地券，以朱砂楷体书写，上有"十七年岁次丁酉……大金國……"等字样。松溪路 2 座砖雕墓葬均坐北朝南，墓葬形制为八角形仿木构砖雕墓，其中一座墓葬北壁后方还附属一个小型后室（堂），墓葬底部设东西两个棺床。两墓仿木构结构基本一致，八角设角柱，接阑额、普拍枋，上设柱头铺作，为五铺作计心造，连隐慢拱，上承檐枋、连檐等，角柱下为覆莲柱础。随葬品较为丰富，有瓷器、陶器、铜器、砂器等。其中白釉剔花镂空腰圆枕实为罕见。

此次考古发掘是昔阳县宋金墓葬首次科

学考古发掘，填补了这一时期墓葬资料的空白，为山西东中部乃至北方地区宋金墓葬分区、分期研究提供了宝贵的资料。

## （七）汾西郝家沟金代砖雕彩绘壁画墓

墓地位于临汾市汾西县永安镇郝家沟村西北山冈，204 省道（汾西－交口段）从墓地东侧、北侧通过，隔沟相望。2015 年 7 月下旬，山西

郝家沟金墓俯视

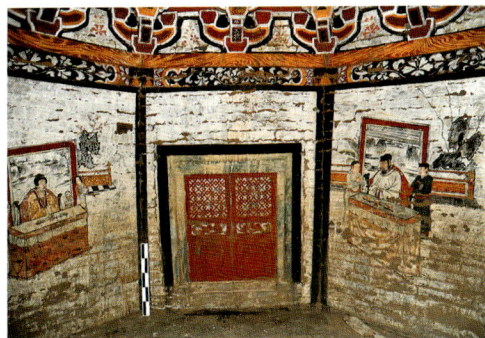

墓室壁画

"大定廿二年"买地券

补间铺作

其亚铝厂有限公司年产 240 万吨氢氧化铝项目建设工程取土施工时发现。2015 年 8 月，山西省考古研究所抢救发掘了 1 座金代砖雕彩绘壁画墓。

该墓葬是一座仿木构八角形单室砖墓，叠涩八角攒尖顶，顶部砌藻井。由墓道、墓门、甬道、墓室构成。大致呈正南北向，墓葬用砖种类较多，有条砖、加厚加宽条砖、铺地方砖、如意头砖等，同一类砖规格较为统一。葬具及人骨均已遭严重扰乱，但墓室结构及彩绘壁画保存良好，北壁砖雕隔扇门，东北壁、西北壁分别彩绘墓主人夫妇对坐宴享图，东壁、西壁砖雕板门、彩绘妇人半启门，东南壁、西南壁砖雕窗格，彩绘花窗、阑额、拱眼壁彩绘花草，斗拱镶彩。出土铜簪 1 件，瓷盘 1 件。该墓为金大定二十二年（1182 年）砖雕壁画墓，壁画内容丰富，笔法流畅，色彩艳丽，颇具艺术性。砖雕工艺细致，刻画形象，具有较高的研究价值和艺术价值。

## 三、考古资料整理出版及考古工作信息化建设

"十二五"期间，山西省考古研究所在完成田野考古发掘任务的同时，紧抓考古资料的整理出版及研究工作，共出版各类图书 19 部，发表研究文章 300 余篇，并完成了 38 部报告和专著的出版招投标工作。同时，重视考古工作的数字化和信息化，最大限度地提取考古发掘对象的信息。

## （一）考古资料的整理和出版

"十二五"期间，我所共整理出版考古发掘报告及图书19部，分别为《丁村旧石器时代遗址群1976-1980年发掘报告》、《下川旧石器时代晚期发掘报告》、《新绛孝陵陶窑址》、《运城盆地东部聚落考古调查与研究》、《滹沱河上游先秦遗存调查报告（一）》、《垣曲商城（二）》、《侯马白店铸铜遗址》、《屯留余吾墓地》、《黄河蒲津渡遗址》、《汾阳东龙观宋金壁画墓》、《三晋考古（四）》、《呦呦鹿鸣——燕国公主眼中的霸国》、《绛县横水西周墓地青铜器科技研究》、《〈山海经〉与仰韶文化》、《千耦其耘》、《有实其积》、《发现霸国》、《夏族与夏文化的起源》、《山西碑碣（续编）》；研究人员共发表各类文章300余篇。其中《汾阳东龙观宋金壁画墓》、《侯马白店铸铜遗址》、《山西碑碣（续编）》、《丁村旧石器时代遗址群1976-1980年发掘报告》还荣获山西社科成果奖一、二、三等奖。

另外，《晋国及三晋文献资料集成》、《山西省考古学会论文集（五）》、《纪念丁村遗址发掘六十周年论文集》、《三晋考古（第五辑）》、《纪念王建先生诞辰九十周年论文集》、《陶正刚考古文集》、《太原地区北齐陶俑研究》、《远古山西之人类足迹》、《晋国兴衰六百年》、《走向盛唐——山西北朝文明源流》、《山西石刻》、《王克林考古文集》、《晋阳古城发掘报告》、《晋南考古调查报告》、《绛县横水倗国墓地》、《绛县横水倗国墓地（二）》、《晋阳古城遗址一号建筑基址》、《翼城大河口霸国墓地》、《翼城大河口遗址调查报告》、《吉县州川河流域考古调查试掘报告》、《斛

律彻墓发掘报告》、《蒲州故城（一、二、三、四）》、《昔阳宋金墓》、《应县辽城、佛宫寺、净土寺寺庙遗址考古勘探发掘报告》、《泽州和村》、《黎城楷侯墓地》、《苇沟——北寿城》、《绛县雎村西周墓地》、《绛州州署遗址1区考古发掘报告》、《山西长子西南呈西周墓地》、《屯留后河》、《晋西商代青铜器》、《临汾西赵墓地》、《右玉苍头河流域区域考古调查报告》、《沁县南涅水》、《稷山玉璧城考古调查报告》、《洪洞永凝堡考古调查报告》、《隰县瓦窑坡墓地考古发掘报告》等38部考古报告或专著正在整理或已经交付出版社。

## （二）考古工作信息化建设

"十二五"期间，考古工作信息化建设工作取得了长足的进步，无论技术还是人员配置方面都走在行业前列。考古工作信息采集方面，我所在国家文物局、山西省文物局、山西省科学技术厅的支持下投入约200万元，购置了三维激光扫描仪、结构光扫描仪、航空影像处理平台、无人机等，有效提升了考古工作信息采集的效率与精度；考古工作信息管理方面，我所建立了多个考古工地的考古地理信息系统平台，实现了考古工作信息

信息采集现场

遗址三维建模

无人机拍摄

青铜器的三维重建

文物普查现场

拼对拍照

资料的数字化科学管理；考古工作信息应用方面，我所在数字拓片、出土器物数字绘图等方面取得了良好效果，为传统考古拓片、绘图工作提供了新的解决方案；人才引进与培养方面，我所先后引进测绘、计算机等专业人才 3 名，并让专业技术人员到考古工地亲身参与考古，最终实现了考古工作信息的专业化处理。

### （三）全国可移动文物普查

配合全国馆藏可移动文物普查工作要求，我所共组成 5 个普查小组、近 10 名科研人员投入具体普查工作中，另有 10 余名高级职称

科研人员参加了可移动文物普查专家组，开展数据审核和地市调研等工作。截至目前，我所可移动文物普查项目共计完成信息登录 5 万余条，约合文物 10 万件套。目前相关工作还在进行中。我所可移动文物普查项目在 2014 年度全国综合排名中跃居第二位。

## 四、科技考古与文物保护

我们高度重视文物保护科技手段的应用和提升，"十二五"期间，先后引进太原理工大学、中国科学技术大学、中国科学院大学、太原科技大学、吉林大学、山西旅游职业技术学院等大中专院校毕业的文物数字化、科技保护、三维激光扫描、古代人类食性分析、动物考古研究、科技考古及修复专业技术人员，经过多年积累，已经打造了一个优秀的文物保护修复实验技术团队。并承揽了

"文物保护相关技术研究——隰县瓦窑坡墓地青铜器科技保护研究"、"出土脆弱金属文物保护修复技术研究"、"地方文物保护标准化技术委员会运行管理与制度研究——以山西为例"、"河津窑的调查与科技研究"等多个国家及省级科研攻关项目，另外"考古现场保护流动实验车"已投入使用，"国家考古信息化科研基地"正在立项和实施，山西省考古研究所在国内同行间的科技考古地位再一次提升。

## （一）实验室建设

文物保护修复，尤其是青铜器修复一直是山西省考古研究所的传统业务和特色业务之一。2007 年，古代青铜器保护修复实验室被山西省科学技术厅列为省属科研院所重点实验室。2007—2013 年，山西省科学技术厅

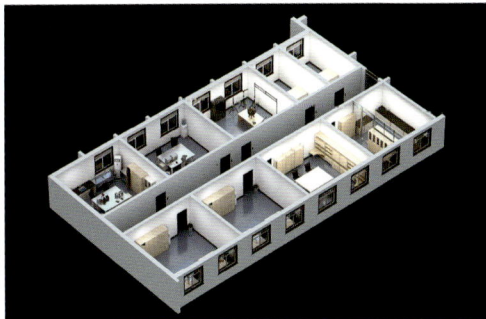

青铜器保护修复实验室结构

出土文物现场保护移动实验室

实验室标本检测

出土脆弱文物的现场保护

共投入实验室建设与设备升级改造经费 215 万元，拟建设现代化的文物修复室 4 间、摄影及档案室 1 间、标本室 1 间、综合办公室 1 间、仪器室 1 间，并同时购置大样品仓能谱仪、激光拉曼光谱仪、超景深视频显微镜、摄影器材及现代化的文物修复台柜等设备。

2013 年，为提高出土文物现场保护的能力和水平，我所向山西省科学技术厅申报了"出土文物现场保护移动实验室"建设项目，并顺利获得批准立项支持。该实验室的引入与建设，可为山西省考古研究所乃至整个山西的考古工作提供强有力的技术支撑，特别是在考古发掘现场空间信息提取、发掘现场环境动态监测、文物出土状况和评估调查分析、发掘现场脆弱质文物和遗迹现场提取与

青铜器整形工具

喷砂机除锈

超声波洁牙机除锈

保护、考古预探测等技术和应用层面上解决田野考古发掘中的实际问题。

## （二）文物保护修复技术创新

在保护修复技术方面，按照"围绕现场保护，以青铜器、铁器等金属文物保护修复为主，夯实基础，在关键技术上重点突破"的发展思路，结合近年来考古发掘出土文物的实际情况，我们以青铜器修复为主，对青铜器修复技术、脆弱金属文物保护技术、保护修复材料等主动探索、反复实践、不断改进。如：设计制作了一套全钢材质的青铜器整形工具，改进青铜器

整形技术；引入喷砂机、超声波洁牙机，改进青铜器除锈技术；创新出土脆弱青铜器塑型修复技术、推广点焊技术等。

# 五、公众考古及考古科普

山西省考古研究所非常重视考古成果的社会共享和科普宣传等工作，2009年成立内设科室公众考古研究部以来，多项公众考古实践活动成功举办。尤其是"十二五"期间，山西省考古研究所将公众考古作为考古工作的一个亮点，不断创新模式、创新理念。

## （一）创建"考古汇"公众考古网站及其配套新媒体方式

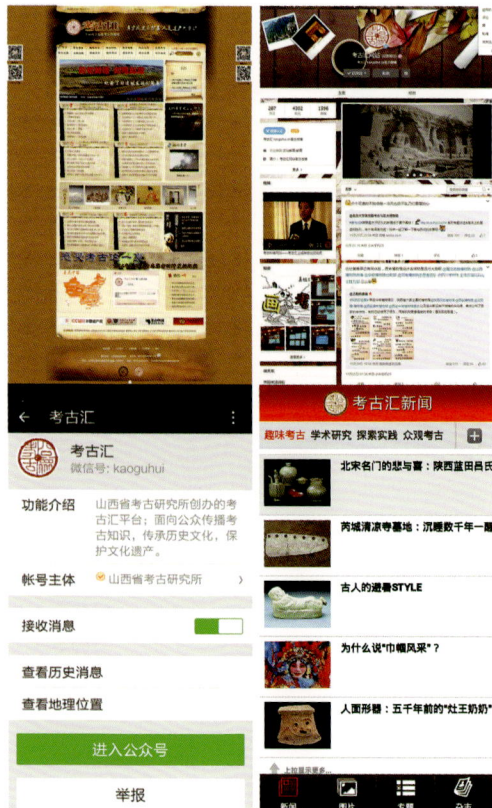
考古汇网站
考古汇微博
考古汇微信公共平台
考古汇手机安卓版

《考古汇》电子杂志

借助信息网络技术，在 2012 年 1 月创建
上线"考古汇"公众考古科普网站，汇集考古、
文物相关的各类资讯，向公众传播考古学科
和行业领域的动态成果、考古学及文物学的
相关知识及公众考古发展状况等内容。经过
近 5 年的运营，"考古汇"这一山西公众考
古品牌已建设成为集网站、微博、微信公共
平台、手机网站于一体的考古知识传播综合
平台。目前，网站已上传文章 8255 篇、图片
约 3 万张。根据数据专家 CNCC 系统分析，
从 2014 年 6 月至今，阅读次数达 14 万人次，
独立访客约 6 万余人。"考古汇"新浪微博
共传信息 1862 条，粉丝量达 7030 人；"考古汇"
微信公共平台自 2014 年 8 月开通以来，共上
传信息 320 组，1280 条，关注人数达 15700 人；
《考古汇》电子杂志共发布 8 期，征集原创
稿件 61 篇。

## （二）考古发掘现场公众开放日常态化

自 2011 年以来，我所共举办考古发掘现
场公众开放日及新闻发布会 5 次，分别为太
原开化墓群、太原晋阳古城、榆次郝家沟墓地、
灵石逍遥遗址、忻州九原岗壁画墓。开放日
期间，考古工地接受媒体自由报道和当地公
众自由参观，现场树立宣传展板、条幅标语、
考古专家现场讲解，取得了良好的社会效果。

考古现场开放日太原

考古现场开放日

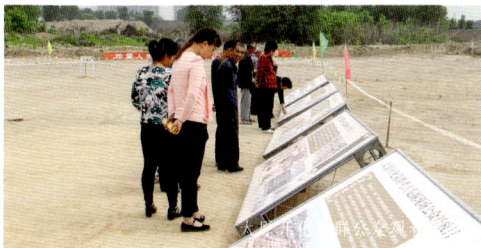

忻州九原岗北朝壁画墓公众开放日现场

## （三）招募、培养和管理考古志愿者

"十二五"期间，山西省考古研究所分别于 2014 年 8 月、2015 年 11 月面向社会公众招募考古志愿者，参加考古调查与发掘。2014 年暑假期间，山西省考古研究所面向社会招募 13 名考古志愿者，分别参与太原晋阳古城遗址和永济蒲州故城遗址的考古发掘工作，为期半个月，收效良好。2015 年 10 月，又面向社会公开招募多学科合作对象，参加山西洪洞永凝堡遗址综合

考古志愿者，参加考古调查与发掘

参加综合考古调查项目

文保爱好者志愿行

考古调查项目，探索公众考古新模式，实现考古学开放发展的新途径。

## （四）依托网站和社会资源举办其他系列公众考古活动

2013 年 3-8 月，依托"考古汇"网站，山西省考古研究所举办了十期"岁月传奇"系列公益沙龙。沙龙分太原城史、趣味考古、公众选题（历史文化）三个主题系列，由来自考古或相关领域的专家主讲，公众免费参与活动，现场进行交流、讨论。

2014 年 3-6 月，山西省考古研究所分别以"考古探秘"、"古建巡游"、"回望历史"为主题，举办了三期"考古汇文保爱好者志愿行"系列活动，带领公众前往忻州九原岗北朝壁画墓考古现场、太原国保单位窦大夫祠净因寺、晋国博物馆、丁村旧石器考古发掘现场等地参观考察，由考古和古建筑专家随行现场讲解，公众有机会进行深度学习，并且要求每一位参与活动的公众撰写随感，整合后在考古汇网站创建专题。

另外，每逢中国文化遗产日之际，山西省考古研究所都会举办各类考古宣传活动。经过努力，公众考古实践水平得到全国行内认可。2014 年 10 月中国社会科学院考古研究所举办的"第二届中国公众考古·仰韶论坛"，我们的公众考古活动被评为一等奖。

此外，我们还进行了《黄土蓝天——我的考古之路》系列图书的编撰和"考古口述史"采访工作，保护和抢救无形的文化遗产。

## 附：荣誉奖励

◎ 2011年5月　被山西省省直机关授予"山西省直机关五一劳动奖状"。

◎ 2011年6月　党支部被山西省文物局授予"先进基层党组织"。

◎ 2011年6月　山西翼城大河口西周墓地考古发掘被评为"2010年度全国十大考古新发现"。

◎ 2011年8月　山西翼城大河口西周墓地发掘荣获国家田野考古奖一等奖。

◎ 2011年8月　山西大同云冈石窟窟顶遗址发掘荣获国家田野考古奖三等奖。

◎ 2011年12月　荣获山西省公共文化服务先进单位。

◎ 2012年4月　大同云冈石窟窟顶北魏至辽金寺院遗址考古发掘被评为"2011年度全国十大考古新发现"。

◎ 2012年4月　专著《胡商 胡腾舞与入华中亚人——解读虞弘墓》获得山西省第七次社科优秀成果奖三等奖。

◎ 2012年4月　论文《良渚与陶寺——中国历史南北格局的滥觞》获得山西省第七次社科优秀成果奖优秀奖。

◎ 2012年4月　考古报告《垣曲上亳》获得山西省第七次社科优秀成果奖三等奖。

◎ 2013年4月　被授予"山西省直文明和谐单位标兵"荣誉称号。

◎ 2014年7月　考古报告《黄河蒲津渡遗址》荣获山西省2013年度"百部篇"社科优秀成果奖二等奖。

◎ 2014年5月　考古报告《汾阳东龙观宋金壁画墓》荣获山西省第八次社会科学研究优秀成果奖一等奖。

◎ 2014年5月　考古报告《侯马白店铸铜遗址》荣获山西省第八次社会科学研究优秀成果奖二等奖。

◎ 2014年5月　考古报告《山西碑碣续编》荣获山西省第八次社会科学研究优秀成果奖三等奖。

◎ 2014年10月　组织的系列公众考古活动荣获"第二届中国公共考古·仰韶论坛"优秀公众考古活动一等奖。

◎ 2012-2015年　连续四年被山西省直文明委授予"文明和谐单位标兵"。

◎ 2015年1月　"忻州九原岗北朝壁画墓"被评为2014年度中国重要考古发现。

◎ 2015年3月　荣获2014年度山西省文物系统先进集体。

◎ 2015年5月　与首都博物馆合办的展览"呦呦鹿鸣——燕国公主眼里的霸国"荣获第十二届（2014年度）全国博物馆十大陈列展览精品奖。

◎ 2015年5月　被山西省省直机关授予"山西省直机关五一劳动奖状"。

◎ 2015年8月　考古报告《丁村旧石器时代遗址群：丁村遗址群1976-1980年发掘报告》荣获2014年度山西社科成果"百部篇"工程一等奖。

◎ 2016年1月　"襄汾县丁村遗址群"、"兴县碧村遗址"、"襄汾县陶寺北墓地"、"新绛县绛州州署遗址"、"沁县上庄村金墓"五个项目被评为2015年中国重要考古发现。

◎ 2016年5月 首届中国考古学大会期间，我所王益人及其丁村遗址群考古学研究荣获旧石器考古研究成果奖"裴文中奖"。我所"山西翼城大河口西周墓实验室考古"及其主持者谢尧亭等荣获首届"考古资产保护金尊奖"。我所主办的考古汇网站及其线下公众考古活动荣获首届中国考古学大会公共考古奖（金铲奖）提名奖。

好奇心，人皆有之。从某种意义上讲，好奇心也是推动人类社会不断向前的动力之一。很多人都对史前文化与文明感兴趣，大家的疑问很多：远古人类吃什么、穿什么、住哪里、使用什么工具……国家何时出现、最早的中国什么样、人类社会从野蛮到文明发生了哪些事情……这些疑问，也是考古学家想要解决的问题。

"十二五"期间，考古学家调查、发掘了丁村遗址与西瑶泉遗址，探究旷野与洞穴两种不同类型的遗址；继续发掘、研究陶寺都城遗址，以及调查、发掘了碧村石城遗址，都是为解决那些问题所做的努力。

Curiosity is the nature of human beings. In some sense, curiosity is also a great impetus that has continuously driven human societies forward. Many people are interested in the prehistoric culture and civilization. They may wonder what men in the ancient times ate and wore, where they lived and what tools they used. They may also want to know when the concept of country came into being, what China in the earliest times looked like and what happened in the course of the development of human societies from barbarism to civilization. All these questions are also what archaeologists have been concerned about.

During the period of 12th Five-year Plan, archaeologists investigated and excavated the Dingcun Site and the Xiyaoquan Site, exploring two different types of sites, namely open fields and caves. They continued the excavation and research of the Taosi Site. They also investigated and excavated the Bicun Site. All these efforts have been made to find the answers to the above-mentioned questions.

文化文明

THE PREHISTORIC CULTURE AND CIVILIZATION

# 襄汾县丁村遗址

丁村遗址被誉为中国旧石器考古学上的第二座里程碑。对丁村遗址的考古学研究已经进行了 60 年，它是由若干遗址组成的一个规模巨大、内涵丰富的遗址群。"十二五"期间，丁村遗址群新发现一系列旧石器早、中期遗址，更新了对其分布特征的认识。

其中，在九龙洞地点发现了丁村遗址群首个原地埋藏的石器打制现场；在过水洞地点发现了 30 万年前的人类用火遗迹；在老虎坡地点发现了 10 万年前的人类活动遗迹。在丁村遗址群东侧的塔儿山向汾河谷地过渡的山前黄土台塬区域内，新调查发现了 46 处原地埋藏的人类活动遗迹。随着研究的深入，丁村文化的内涵会更加丰富。

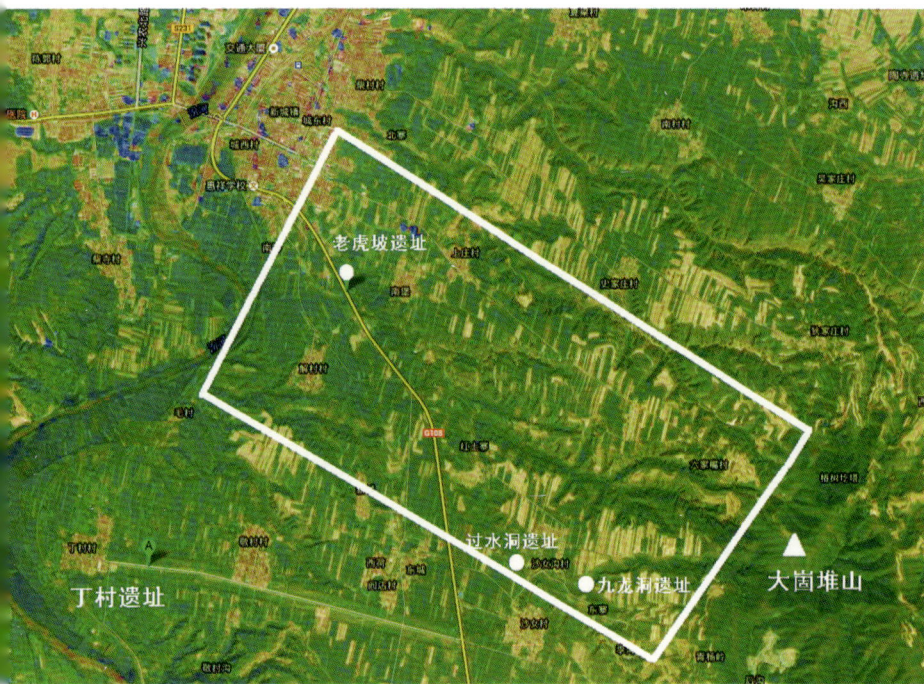

丁村遗址群 2015 年考古调查工作区域

## 过水洞地点

过水洞地点位于沙女沟村西南 500 米的沙女沟南岸，是一处人类活动的临时营地。文化层在 15 米高的悬崖底部，发掘面积 30 平方米。这里可见大约相当于 S0—L3 阶段地层堆积。在 L2 之下土状堆积中发现了丰富的石制品、动物化石、碳屑和红烧土块。

## 丁村遗址群出土和采集的旧石器时代早期石制品

**1. 三棱尖状器**

长 14.6 厘米，宽 9.1 厘米，厚 5.4 厘米。

**2. 盘状石核**

长 11.1 厘米，宽 11.3 厘米，厚 6.2 厘米。

**3. 石片**

长 10.4 厘米，宽 10.7 厘米，厚 2.2 厘米。

**4. 三棱尖状器**

长 12.5 厘米，宽 10 厘米，厚 3.2 厘米。

**5. 石核**

长 6.9 厘米，宽 10.4 厘米，厚 6.1 厘米。

**6. 石核**

长 6.2 厘米，宽 6.3 厘米，厚 3.6 厘米。

**7. 石片**

长 10.8 厘米，宽 8.6 厘米，厚 3.9 厘米。

**8. 双阳面石片**

长 4.6 厘米，宽 6.7 厘米，厚 1.6 厘米。

**9. 锯齿刃器**

长 16.3 厘米，宽 11.4 厘米，厚 4.2 厘米。

1—3. 过水洞地点出土。 4. 九龙洞地点出土。 5—9. 2015 年调查采集。

1

2

3

4

5

6

7

9

8

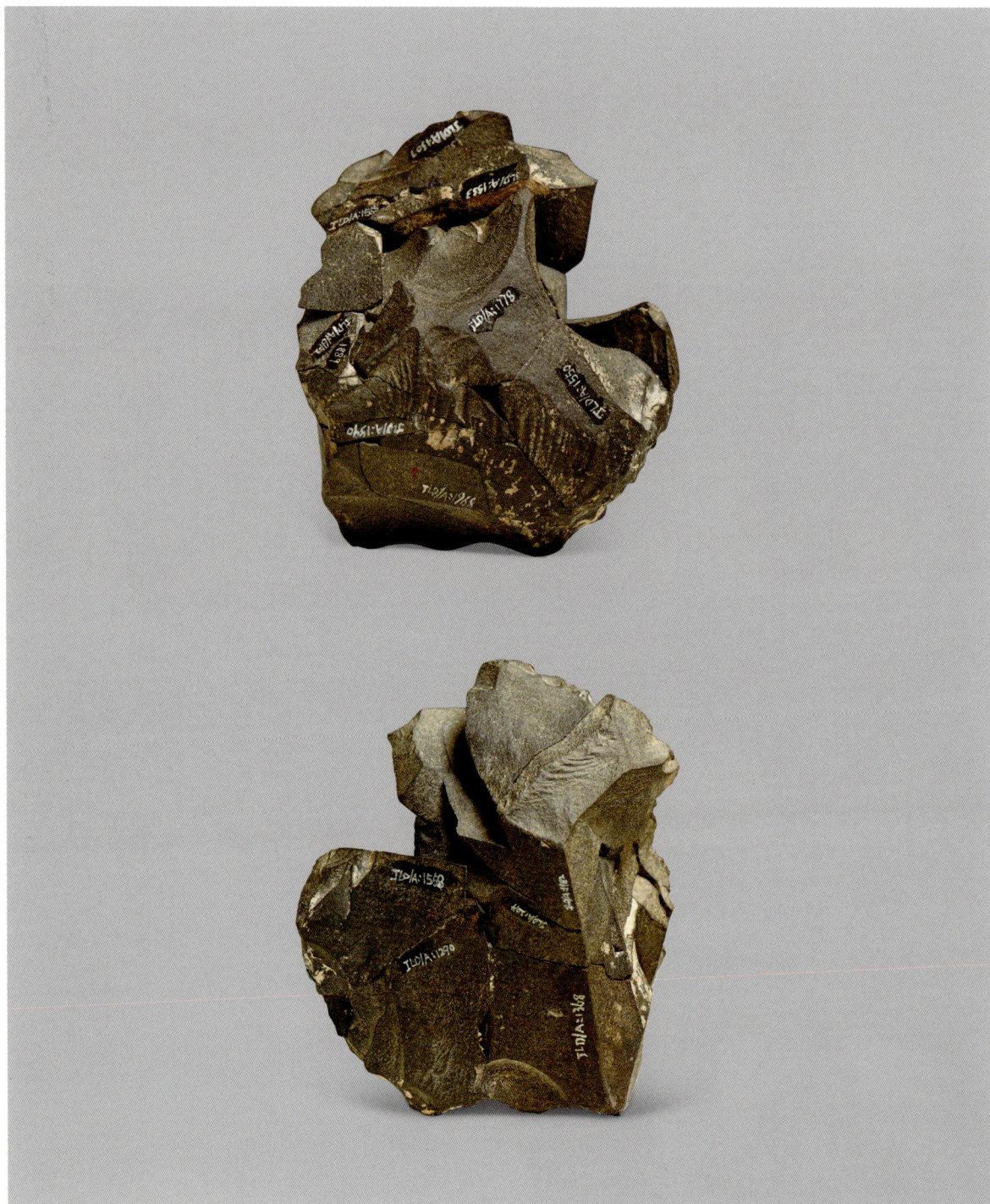

## 石制品拼合

旧石器时代早期

长 11.6 厘米，宽 10.6 厘米，厚 5.5 厘米。

九龙洞地点出土。

这组石制品拼合的原型为盘状石核，共有 22 件角页岩质的石片可以拼合上。

石制品拼合的研究始于 19 世纪，目前在旧石器考古研究中已很普遍。这种研究方法能够将一件石片如何打下来的信息呈现出来，因而可以用来探讨石制品打制的程序。同时，还能揭示遗址的结构、遗址的形成过程等方面的信息。

九龙洞地点

# 九龙洞地点

位于沙女沟村东南侧北涧沟沟口北侧一个突出的小土包上。其地层堆积属于沟谷冲洪积砾石侵蚀沟边土状堆积形成的叠层累加埋藏环境。其前端（南部）为冲洪积砾石与土状堆积互成的堆积，北部为原生土状堆积，剖面可见清晰的侵蚀面。2014~2015 年，我们分 A、B 两区进行发掘工作，发掘面积 35 平方米，出土石制品 2000 余件。重要的是 B 区土状堆积中的同一层位中，在不到 9 平方米的面积内，发现两处原始人类打制石器的现场，数以百件的石片、石核以及大量碎屑的集中分布。这里可能是两个工匠同时打制石器的活动场所。2016 年，我们发掘了九龙洞 A 区北部高台，出土石制品 1582 件。考古学家对这批石制品进行了拼合，目前拼合上的有 64 组 340 多件，其中有 6 组拼合数在 20 片以上。

九龙洞地点的发现，为进一步深入研究原始人类的生存方式、复原人类行为和人地关系等提供了重要材料。对于研究丁村远古人类的石器原料选取、打制技术以及复原整个制作流程等具有重要意义。

九龙洞地点 B 区遗迹

九龙洞地点 A 区遗迹

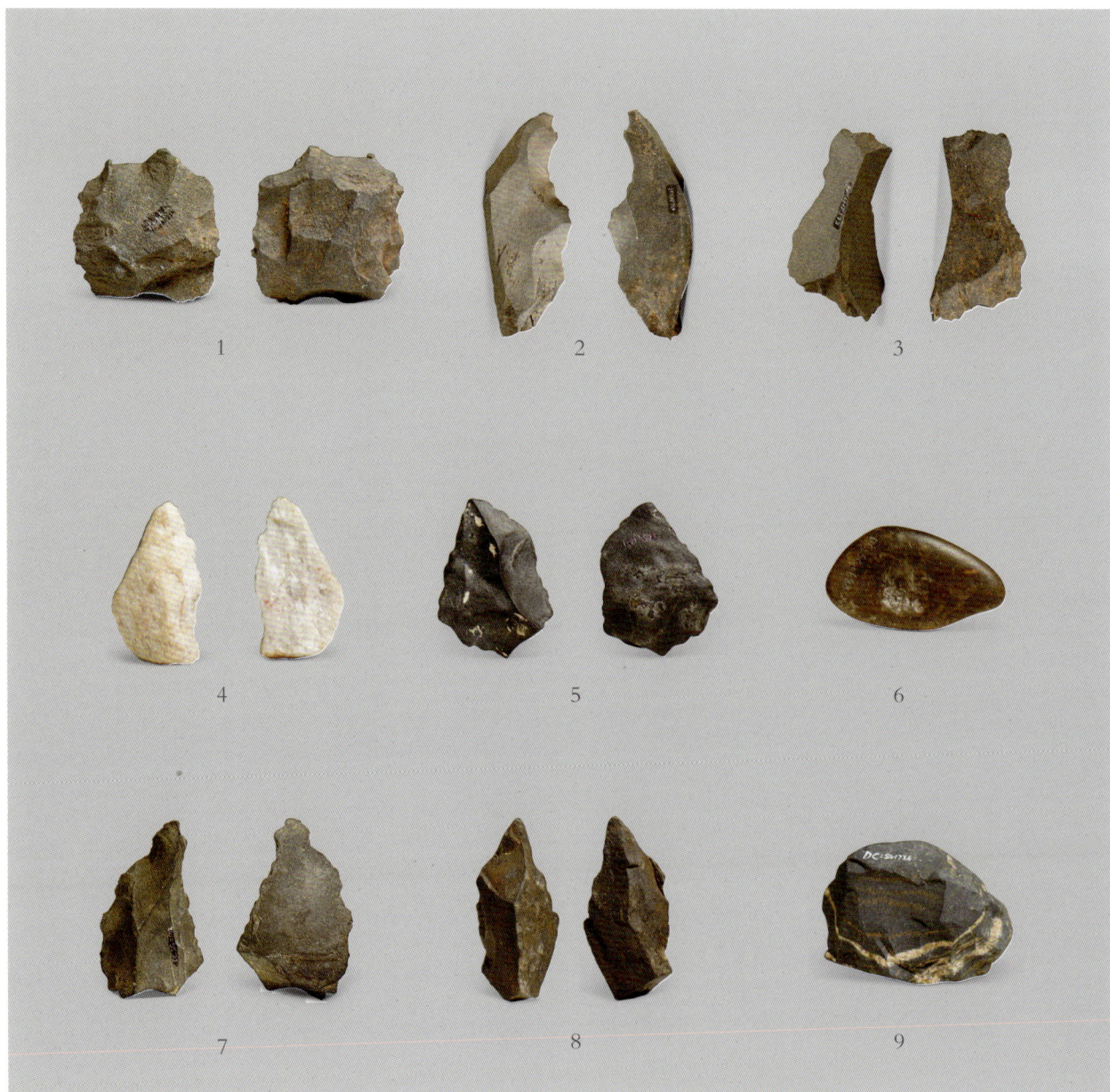

## 丁村遗址群出土的旧石器时代中期石制品

**1. 石核**

长 7.7 厘米，宽 8 厘米，厚 3.8 厘米。

**2. 锯齿刃器**

长 13 厘米，宽 5.1 厘米，厚 3.5 厘米。

**3. 端刃刮削器**

长 7 厘米，宽 4 厘米，厚 3.2 厘米。

**4. 单刃刮削器**

长 6.5 厘米，宽 3.6 厘米，厚 2.2 厘米。

**5. 尖状器**

长 7.4 厘米，宽 5.8 厘米，厚 2.1 厘米。

**6. 石砧**

长 7.7 厘米，宽 4.3 厘米，厚 1.6 厘米。

**7. 三棱尖状器**

长 11.6 厘米，宽 7.4 厘米，厚 4.2 厘米。

**8. 三棱尖状器**

长 15.1 厘米，宽 7.2 厘米，厚 4.3 厘米。

**9. 盘状石核**

长 5.9 厘米，宽 4.8 厘米，厚 4.1 厘米。

1—3. 老虎坡地点出土。4—9. 石沟地点出土。

## 老虎坡地点

老虎坡地点，位于襄汾县城南大运路 915.6 千米处。2014—2015 年在土状堆积里发现人类遗迹，出土石制品 500 余件。该遗址是丁村遗址群发现的第一个原地埋藏的黄土堆积性旧石器时代遗址。除距今 10 万年前左右的由角页岩大石核和大型砾石构成的原始人类活动面之外，其上的 S1 中还发现了有 4 个不同高度的石制品分布面。在第一条古土壤条带之上的马兰黄土中也发现了稀疏分布的石制品。因此，老虎坡地点是一个距今 5—10 万年之间一直有人类活动的古人类遗址。

## 石沟地点

石沟地点位于襄汾县南贾镇石沟村以南 700 米的一个采砂场。2013—2014 年，考古学家对石沟第 1 地点和第 2 地点进行发掘，出土石制品及动物化石 1600 余件。石制品与丁村文化的石器组合特征一致。该遗址发现的"碳屑密集分布区"和疑似"地震裂缝"等遗迹现象较为罕见。石沟地点是丁村遗址群近年来发现的一个十分重要的旧石器时代中期遗址。

## 人类枕骨化石

旧石器时代中期

长 9.5 厘米，宽 5.5 厘米。

石沟地点出土。

1976 年，丁村遗址出土 3 枚人类牙齿化石和一块幼儿顶骨化石。36 年后的 2012 年，丁村民俗博物馆研究人员在石沟砂场调查时，偶然间，在工人筛沙留下的砾石堆中发现两块人类枕骨化石碎片。经对比后发现两块枕骨碎片可以完好地拼合在一起，属同一件枕骨。研究表明这块化石代表一个青年个体，属早期现代人。石沟古人类有印加骨，增添了东亚早期现代人拥有印加骨的化石证据，对于研究东亚现代人起源有重要意义。

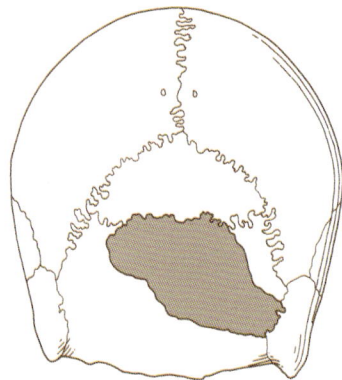

丁村人枕骨化石部位示意图

# 丁村动物群

丁村遗址群发现的哺乳动物化石共有 28 种，大部分为生活在山林之中的种类，反映了当时温暖湿润的气候。华北黄土期的属种较多，如野驴、普氏野马、赤鹿、河套大角鹿和原始牛等；也有中更新世北京猿人时代的动物，如梅氏犀、德永氏象和葛氏梅花鹿等。砂砾层出有鲤、青鱼、鲩、鲇等鱼类的化石，这些鱼类生活于流量较大的水域。还发现有大型的丽蚌壳，这种蚌现在只分布在湿润的长江以南地区和汉水流域。这些情况说明当时的气候温暖湿润、汾河的水势较大。

**鹿左上颊齿化石**
旧石器时代早期
长 14.5 厘米，宽 6.9 厘米，厚 3.4 厘米。
过水洞地点出土。

**河狸头骨化石**
旧石器时代早期
长 5.1 厘米，宽 4.4 厘米，厚 4.7 厘米。
过水洞地点出土。

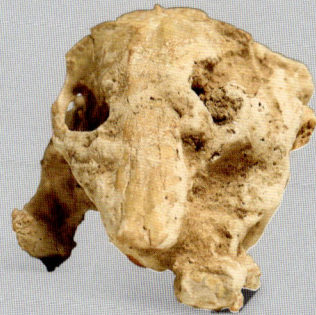

**古菱齿象上颚及臼齿化石**
旧石器时代中期
长 35 厘米，宽 32 厘米，厚 28 厘米。
石沟地点出土。

# 陵川县西瑶泉遗址

太行山西侧众多的石灰岩洞穴是旧石器时代人类理想的栖居场所。2012年秋，山西省考古研究所对陵川县西瑶泉遗址中的后河洞和麻吉洞两处旧石器时代遗址进行了试掘。后河洞遗址出土遗物1400余件，器类有石核、石片、石器、碎屑等。石器中刮削器最多，有少量尖状器和三棱小尖状器，此外还发现一处用火遗迹。这是一处旧石器时代晚期人类的栖居地。麻吉洞遗址出土动物化石和石制品1500余件，同时清理出四层清晰的用火遗迹面。这是一处旧石器时代晚期人类活动比较频繁的场所。

后河洞遗址（自西南向东北拍摄）

后河洞遗址出土文化遗物分布

## 后河洞遗址出土和采集的旧石器时代晚期石制品

**1. 完整石片**

长4.048厘米，宽4厘米，厚2.034厘米。

**2. 多刃刮削器**

长5.72厘米，宽4.13厘米，厚0.864厘米。

**3. 完整石片**

长3.126厘米，宽2.1厘米，厚0.774厘米。

**4. 完整石片**

长4.6厘米，宽3.42厘米，厚1.268厘米。

**5. 圆刃刮削器**

长2.72厘米，宽3.036厘米，厚1.334厘米。

**6. 三棱小尖状器**

长4.14厘米，宽2.854厘米，厚1.774厘米。

**7. 尖状器**

长3.658厘米，宽2.464厘米，厚0.796厘米。

**8. 三棱小尖状器**

长3.92厘米，宽2.52厘米，厚1.658厘米。

**9. 单刃刮削器**

长3.722厘米，宽2.812厘米，厚1.204厘米。

**10. 三棱小尖状器**

长2.488厘米，宽2.424厘米，厚1.374厘米。

**11. 多台面石核**

长2.988厘米，宽2.634厘米，高2.268厘米。

**12. 双台面石核**

长6.628厘米，宽5.69厘米，高2.928厘米。

**13. 尖状器**

长5.22厘米，宽2.788厘米，厚1.462厘米。

**14. 双阳面石片**

长1.858厘米，宽2.792厘米，厚0.632厘米。

1、4. 后河洞遗址采集。2、3、5—14. 后河洞遗址出土。

1                                        2

3                    4                    5

6                    7                    8

9                    10                   11

12                   13                   14

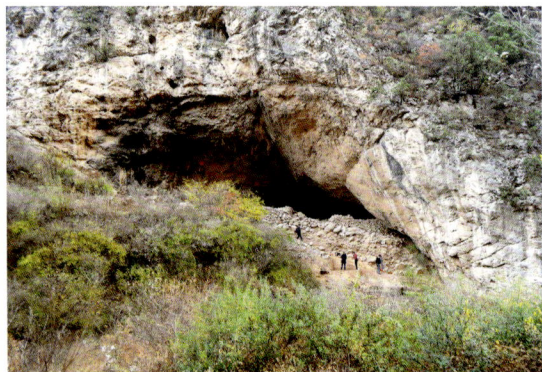

麻吉洞遗址（自西向东拍摄）

麻吉洞遗址人类活动遗物与遗迹

## 麻吉洞遗址出土和采集的旧石器时代晚期石制品

### 1. 左裂片

长 3.05 厘米，宽 1.438 厘米，厚 0.24 厘米。

### 2. 完整石片

长 2.01 厘米，宽 1.638 厘米，厚 0.776 厘米。

### 3. 完整石片

长 4.002 厘米，宽 5.278 厘米，厚 2.672 厘米。

### 4. 完整石片

长 2.62 厘米，宽 2.038 厘米，厚 0.55 厘米。

### 5. 完整石片

长 4.024 厘米，宽 1.872 厘米，厚 0.92 厘米。

### 6. 琢背石刀

长 3.11 厘米，宽 1.776 厘米，厚 0.714 厘米。

1、2、4—6.麻吉洞遗址出土。3.麻吉洞遗址采集。

# 襄汾县陶寺遗址

作为"中华文明探源工程"的重要研究对象，陶寺遗址究竟在中华文明演进中占有什么样的地位、其性质如何、又是什么人留下的遗存……这些恐怕是许多人都想知道的。

陶寺遗址是一处新石器时代晚期的大型遗址。考古发掘、整理、研究工作已经持续进行数十年。陶寺遗址内外双城的模式影响了后世紫禁城的营建结构。其城内有严格的功能分区，有大中型墓地并且随葬品多寡不均，反映了阶层分化和不平等现象已经出现。出土礼器包括大型乐器、玉器组合，另外还出现文字、铜器。这些都表明陶寺遗址具备了都城的标准，是最初的"中国"。

2011—2015 年，由中国社会科学院考古研究所山西队与山西省考古研究所合作的山西襄汾陶寺遗址考古发掘与研究，除了继续作为国家科技支撑项目"中华文明探源工程"之"都邑课题"子项目之外，2013 年又被纳入国家文物局"大遗址保护考古项目"陶寺专项及中国社会科学院"哲学社会科学创新"工程"陶寺遗址发掘与研究"项目。

"十二五"期间，陶寺遗址考古发掘与研究的目的是进一步探索陶寺都城遗址内部的功能区划。发掘工作的重点放在陶寺城址的城北大型夯土基址、手工业区以及宫殿区。总计发掘 10 个工作季，总发掘面积 3852 平方米。

陶寺宫城南门址

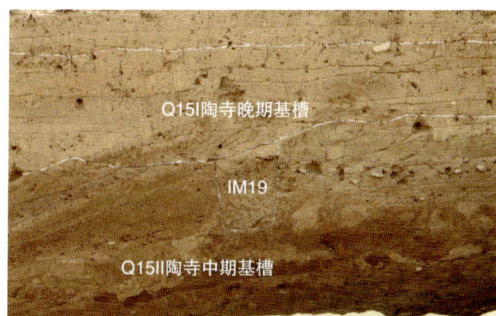

陶寺遗址宫城北墙剖面

陶寺遗址中期外郭城西墙 Q3 解剖平面

**彩绘陶壶**

陶寺文化（约公元前 2300—前 1900 年）

口径 14.5 厘米，底径 7 厘米，腹径 18.5 厘米。

襄汾县陶寺遗址出土。

**彩绘陶壶**

陶寺文化（约公元前 2300—前 1900 年）

口径 16.5—17 厘米，底径 7—8.5 厘米，腹径 22—23 厘米。

襄汾县陶寺遗址出土。

**彩绘陶罐**

陶寺文化（约公元前 2300—前 1900 年）

口径 8.2—8.5 厘米，底径 4.5—5 厘米，腹径 11.5—2 厘米。

襄汾县陶寺遗址出土。

**彩绘陶盆**

陶寺文化（约公元前 2300—前 1900 年）

口径 32.5 厘米，底径 16.5 厘米。

襄汾县陶寺遗址出土。

**彩绘陶盆**

陶寺文化（约公元前 2300—前 1900 年）

口径 33 厘米，底径 19 厘米。

襄汾县陶寺遗址出土。

**玉钺**

陶寺文化（约公元前 2300—前 1900 年）

长 14 厘米，宽 8.5 厘米。

襄汾县陶寺遗址出土。

**玉钺**

陶寺文化（约公元前 2300—前 1900 年）

长 23 厘米，宽 6.3 厘米。

襄汾县陶寺遗址出土。

**玉璇玑**

陶寺文化（约公元前 2300—前 1900 年）
外径 15.4 厘米，内径 7 厘米。
襄汾县陶寺遗址出土。

**玉 璧**

陶寺文化（约公元前 2300—前 1900 年）
外径 13 厘米，内径 6.5 厘米。
襄汾县陶寺遗址出土。

**铜青蛙**

陶寺文化（约公元前 2300—前 1900 年）

长 5.5 厘米，宽 4 厘米。

襄汾县陶寺遗址出土。

# 兴县碧村遗址

碧村遗址地处晋西北地区的黄河东岸，与陕西省神木县石峁遗址隔河相望。2014 年以来，这里发现了龙山时代晚期的石城遗址，面积达 75 万平方米。考古工作者还清理出带中心火塘、白灰地面的房屋基址，出土遗物包括陶器、细石器、松石饰品、玉器等。

以碧村遗址为中心，在蔚汾河流域及黄河东岸还发现了 9 座石城。碧村遗址是黄河东岸龙山时代晚期的一个中心聚落，围绕碧村遗址，向南可下陶寺遗址、向西可望石峁遗址、向东可连其余石城，其控扼四方，战略位置十分险要，是探索中华文明起源的一个重要遗址。

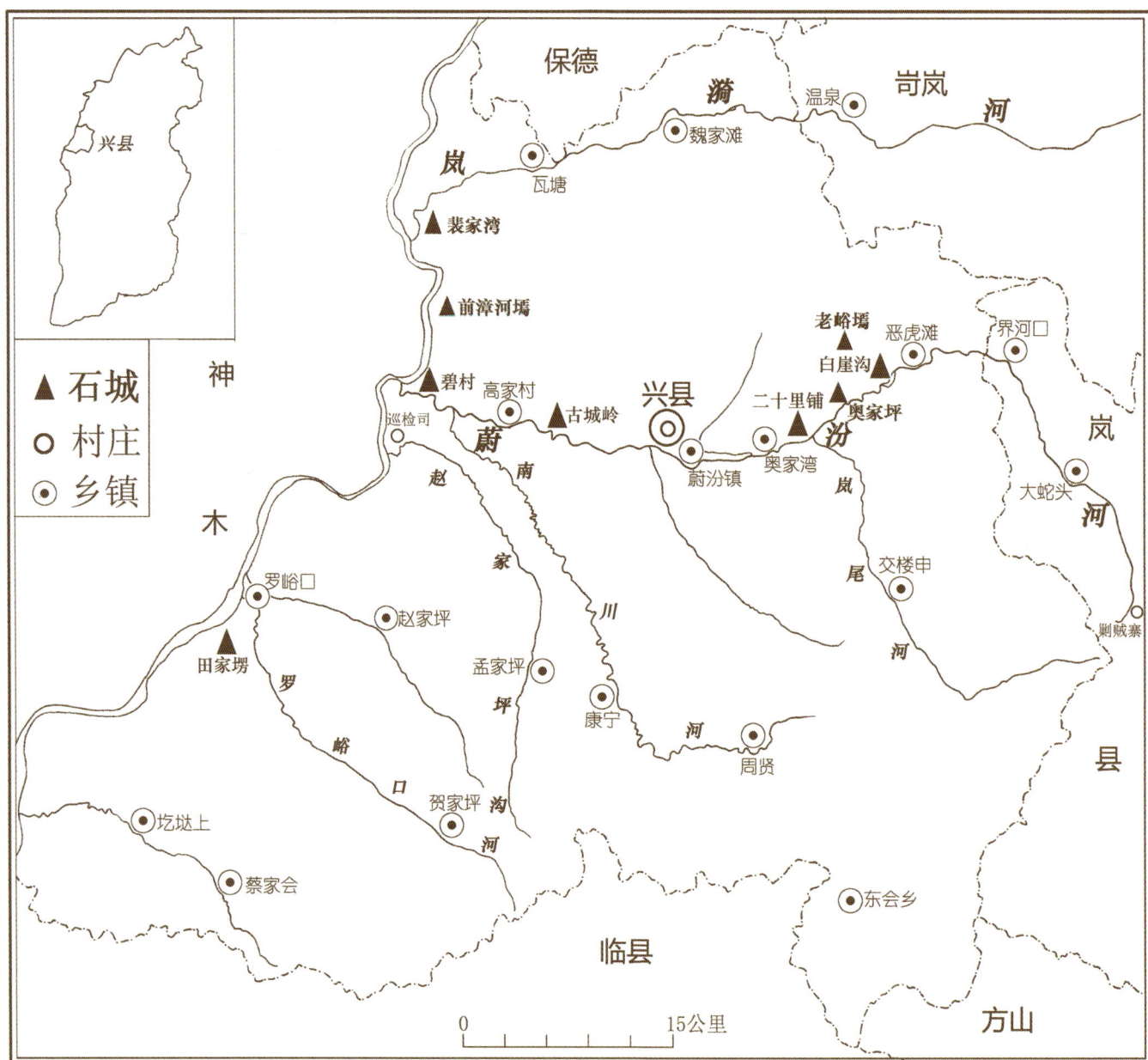

碧村周边石城分布示意图

碧村遗址航拍图

# 4000 年前的石城

该城址选址于环河临沟的山麓缓坡地带，并在无天险之处砌筑石墙，构成了一个相对封闭的山城。城内的小玉梁地点是遗址的核心区域，有高等级的大型石砌建筑及附属设施，玉器类珍品也被大型建筑的主人所掌握，反映了资源与权力的高度集中。

封闭的石城和高度的集权，从一个角度展示了晋西地区龙山时期的社会结构。大型石砌排房及其护坡墙等设施，为认识龙山时期聚落形态与社会结构提供了崭新的考古资料。碧村周边多座石城的发现，也为进一步认识区域聚落的发展积累了材料。

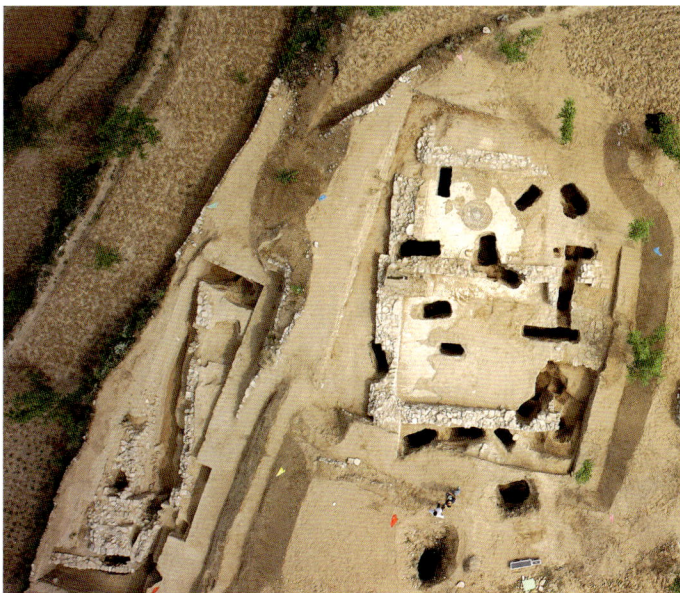

碧村遗址小玉梁石砌房址及护坡墙

碧村遗址 F1 火塘

碧村遗址 F2 南墙

# 兴县碧村遗址陶器

龙山时代晚期（约公元前 2100—前 1870 年）
1—7. 兴县碧村遗址出土。8. 兴县碧村遗址采集。

## 1. 蛋形瓮

口径 15.5 厘米，通高 36 厘米。

泥质浅灰陶。圆方唇，唇面内倾，未出沿，敛口，斜腹，近底部硬折，圜底，三空尖足。口沿附近置对称的羊首錾，双錾之间饰弦纹和戳刺纹，錾手以下器腹及空足之间为左斜向的浅篮纹。

## 2. 蛋形瓮

口径 26.5 厘米，最大径 46.5 厘米，通高 53.5 厘米。

泥质浅灰陶。尖方唇，唇面内倾，出沿，斜弧腹，近底部硬折，圜底，三空尖足。口沿唇面至空足之间饰横丝的浅篮纹。

## 3. 粗柄豆

口径 11 厘米，通高 10 厘米。

泥质浅灰陶。敞口，厚圆唇，浅盘，弧腹，平底，粗柄高圈足，略呈喇叭状。圈足镂空。

## 4. 高领罐

口径 19.5 厘米，肩径 34 厘米，底径 13 厘米，通高 40 厘米。

泥质灰黑陶。敞口，厚圆唇，高领，折肩，腹部斜收，平底。颈、肩、腹分段套接而成。器表饰竖向浅篮纹。

6  7  8

## 5 . 蛋形瓮

口径 27 厘米，大径 48.3 厘米，通高 50 厘米。

红褐胎夹砂灰黑陶，陶质较疏松。尖方唇，唇面内倾，出沿，斜直腹，近底部硬折，圜底，三空尖足。口沿附近磨光，腹部及空足以上饰横丝的浅篮纹。

## 6 . 盆

口径 26 厘米，底径 15.3 厘米，通高 9 厘米。

泥质灰黑陶。敞口，斜腹，平底。饰网格纹。

## 7 . 圈足盘

口径 19.6 厘米，通高 8.5 厘米。

泥质灰陶。敞口，斜腹，喇叭状圈足。器腹饰篮纹。

## 8 . 大口尊

口径 31 厘米，通高 29.5 厘米。

泥质灰陶。圆肩，肩部饰戳印纹，肩部以下饰竖向篮纹，肩部内外均饰戳刺纹。

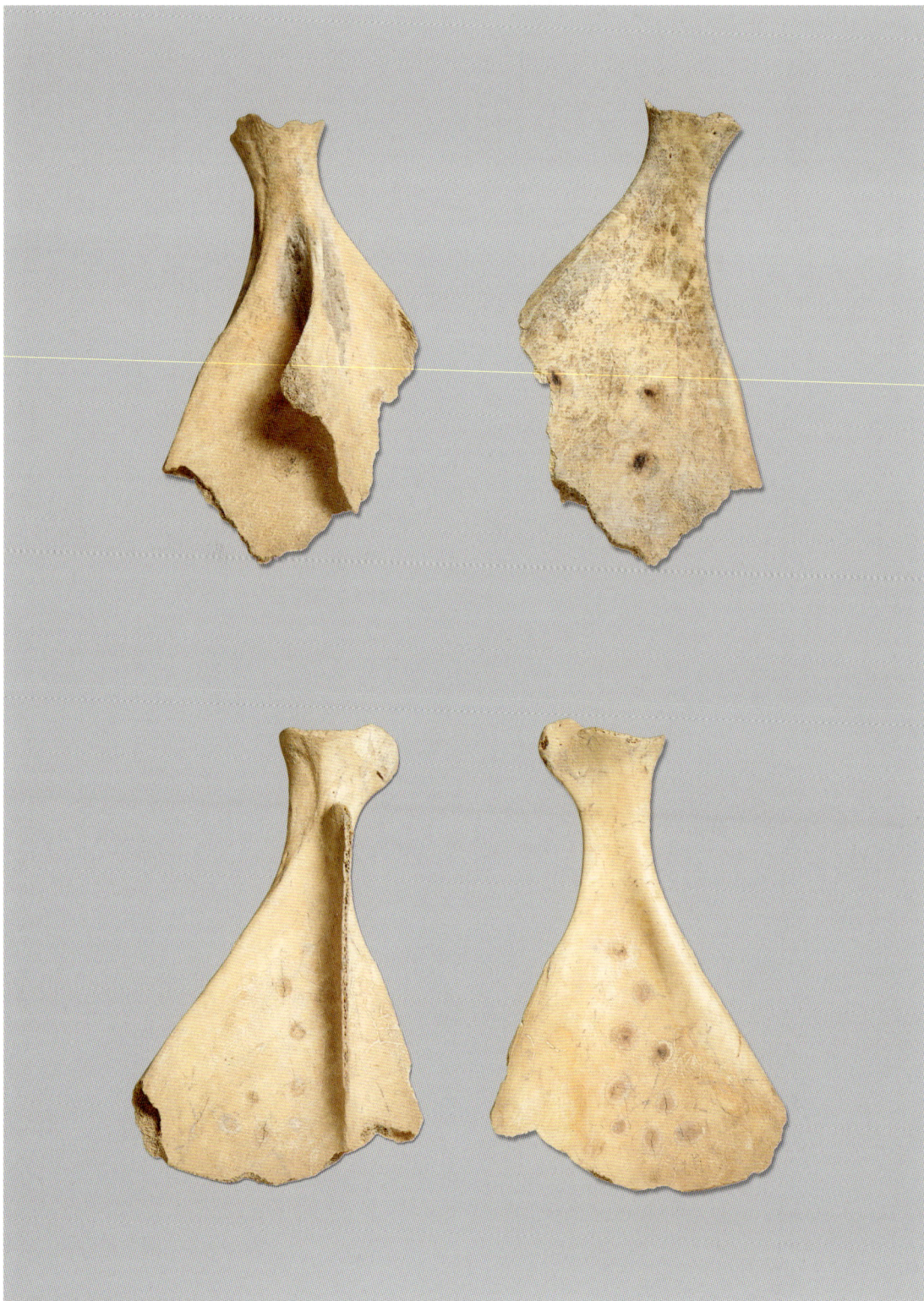

**卜骨**

龙山时代晚期（约公元前 2100—前 1870 年）

（上）残长 8.6 厘米，宽 1—6 厘米。

（下）残长 13.2 厘米，宽 3—8.7 厘米。

兴县碧村遗址出土。

**绿松石**

龙山时代晚期（约公元前 2100—公元前 1870 年）

长 0.8—1 厘米，宽 0.6 厘米。

兴县碧村遗址出土。

**骨镞**

龙山时代晚期（约公元前 2100—前 1870 年）

长 7 厘米，最宽 1.2 厘米。

兴县碧村遗址出土。

1

2

3

兴县碧村遗址出土的细石器

龙山时代晚期（约公元前 2100—前 1870 年）
兴县碧村遗址出土。

**1. 石镞**

长 6.5 厘米，宽 1.8 厘米。

**2. 石镞**

长 3.3 厘米，宽 2 厘米。

**3. 石镞**

长 3.4 厘米，宽 0.8 厘米。

西周时期，在今天的山西南部，除了晋国以外，还分布着许多小国。见于史籍记载的有临汾盆地的霍、杨、贾等国，运城盆地的荀、耿、董、韩、冀、虞、虢等国。另外还有一些小国，虽然史书记载缺失，但在考古中被发现，比如倗国与霸国。雎村墓地，有可能是史书上记载的翟柤国。

作为显赫一时的大国，晋国的宗族墓地有什么特点，其墓葬所反映的祭祀、礼制如何？同时代的小国，大河口霸国墓地及雎村墓地，其葬俗、葬制如何？最近几年，考古学家正在努力探究这些问题。

In the Western Zhou Dynasty (c. 11th century−771 B.C.), in the area equivalent to the south of Shanxi today, there were many small states apart from the Jin State (c. 11th century − 349 B.C.). Those mentioned in historical records include Huo, Yang and Jia in the Linfen Basin and Xun, Geng, Dong, Han, Ji, Yu and Guo in the Yuncheng Basin. There are still some other small states, such as Peng and Ba, that are not mentioned in historical records but have been discovered during archaeological excavations. Besides, the tomb found in Jucun Village is probably the site of the Dizu State mentioned in historical records.

What featured the clan tombs of the Jin State as an once−dominating big state? What sacrificial rituals are reflected in the tombs? What are the burial customs and systems of small states − as reflected in the tombs of the Ba State in Dahekou and the tombs in Jucun Village − in the same times as Jin? Those questions have been explored and investigated by archaeologists in recent years.

# 绛县雎村西周墓地

位于绛县卫庄镇雎村。2011年6月与2013年5月两次遭到盗掘。随后由山西省考古研究所牵头，对墓地进行全面考古调查和勘探。墓地面积约4万平方米，勘探出灰坑20余座、车马坑3座、墓葬380座。

雎村墓地大型墓葬带呈东西向分布于墓地中部，周围散布有中小型墓葬，墓葬分布稀疏不均。墓葬方向皆为东西向，与绛县横水墓地和翼城大河口墓地墓向一致。墓葬均为土圹竖穴。雎村墓地考古队于2015年7月4日进驻雎村进行考古发掘。出土物包括陶器、青铜器以及海贝、毛蚶等。

雎村墓地可能是西周时期翟柤国的墓地。《国语·晋语》记载了晋国灭翟柤国的故事。晋献公打猎时，看到翟柤国上空弥漫着凶气，回来后便睡不好觉。郤叔虎得知这一情况后，便对士蒍说，翟柤国的国君贪婪不义，臣下苟且偷生，晋君如要征伐它，准能成功。士蒍把这事告诉了献公，献公很高兴，于是出兵征伐翟柤国。

郤叔虎准备登上城墙杀敌，其部下说："丢下政务去作战不是你的职责啊。"郤叔虎答道："我既没有谋略，又不去出力，凭什么事奉国君呢？"于是披着鸟羽率先爬上城墙，打败了翟柤国。

**绛县雎村墓地 M1089 出土文物**

西周（公元前 1046—前 771 年）

**1. 陶鬲**

口径 15 厘米，高 17 厘米。

**2. 陶罐**

口径 9 厘米，高 19 厘米。

**3. 铜簋**

口径 18.5 厘米，高 13 厘米。

**4. 铜鼎**

口径 19 厘米，高 20 厘米。

**陶簋**

西周（公元前 1046—前 771 年）

底径 16 厘米，高 20 厘米，口径 16 厘米，腹径 22 厘米。

绛县雎村墓地 M1004 出土。

惨遭盗掘的 M1073

# 翼城县大河口西周墓地

大河口墓地位于山西省翼城县城以东约6公里处大河口村北的高台地上。南北长约300米，东西宽约150米，面积4万余平方米，埋藏着2000余座墓葬和数以百计的灰坑。经过第一期的发掘，我们发现了一个史籍没有记载的国度——霸国。

2014年7月，我们开始了第二期的发掘，以中小型墓葬为主，依据一期勘探结果确定发掘面积和区域，采取大面积布方、成片发掘的方法，以便获取相对完整的科学资料。2015年3月底，完成了七区、八区西部的发掘工作，清理墓葬238座、灰坑45个、房址1座、车马坑1座。其后，至2016年3月完成了九区的发掘工作，发掘面积6000余平方米，清理墓葬361座、灰坑56个、长沟1条。出土文物主要为陶器和铜器。另外在M9041和M9043还发现了2件卜骨。

大河口墓地台地航拍

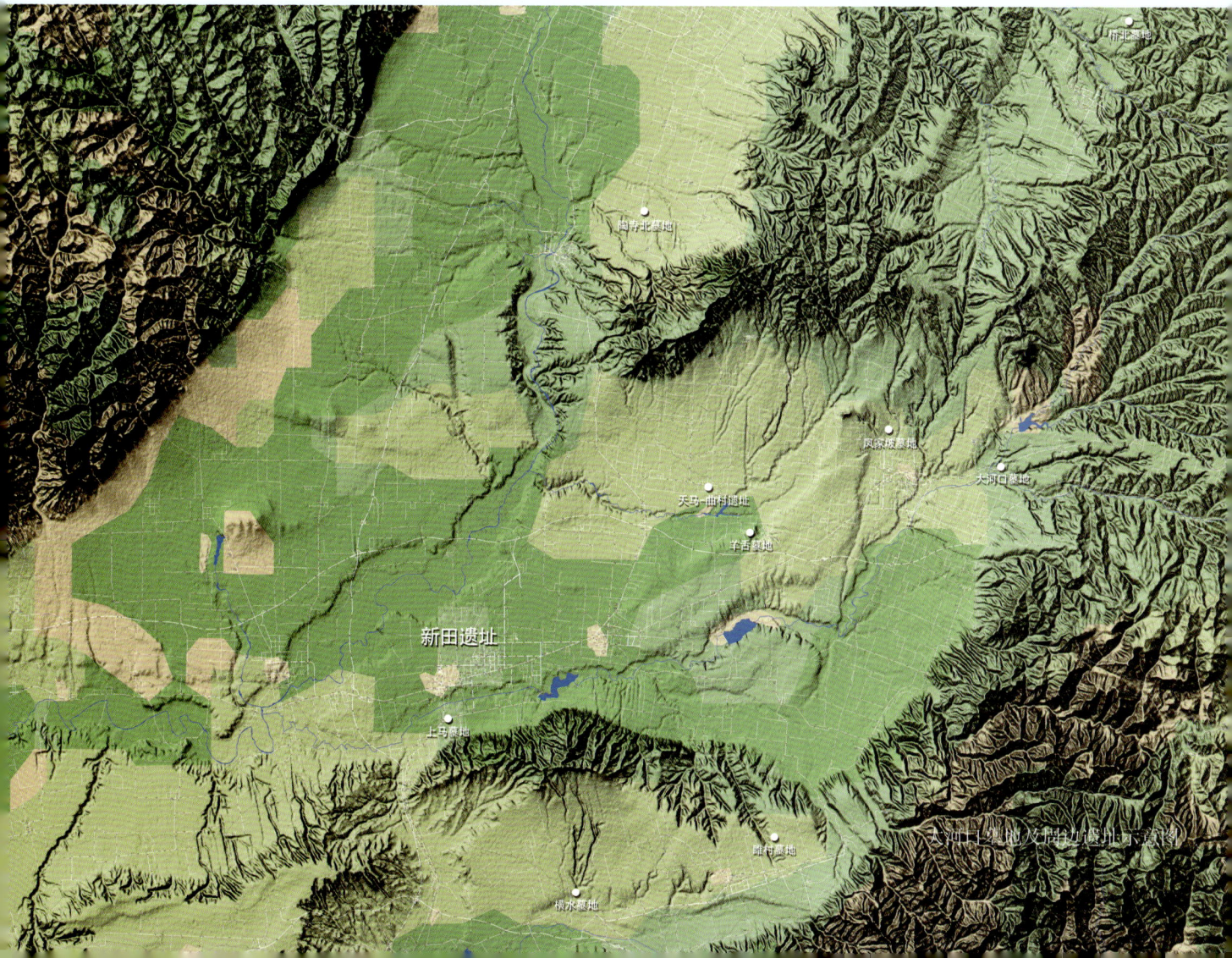

大河口墓地及周边遗址示意图

**兽面纹圆鼎**

西周（公元前 1046—前 771 年）

高 55 厘米，耳间距 42 厘米。

翼城县大河口墓地 M1 出土。

**"内父丁"爵**

西周（公元前 1046—前 771 年）

高 21 厘米，通长 19 厘米，宽 19 厘米。

翼城县大河口墓地 M1 出土。

# "燕侯旨" 卣

西周 ( 公元前 1046—前 771 年 )

卣通高 34.5 厘米，耳间距 29 厘米；觯 (5 件 ) 口径 4.8—8.4 厘米，通高 11.4—16.6 厘米；

单耳罐口径 5.6 厘米，高 8.6 厘米；斗通长 21.4 厘米。

翼城县大河口墓地 M1 出土。

**凤鸟纹尊**

西周（公元前 1046—前 771 年）

高 25.4 厘米，口径 21.1 厘米，底径 17.1 厘米。

翼城县大河口墓地 M1017 出土。

**弦纹鼎**

西周（公元前 1046—前 771 年）

通高 10 厘米，口径 9.5 厘米，耳间距 9.6 厘米。

翼城县大河口墓地 M7089 出土。

**弦纹鼎**

西周（公元前 1046—前 771 年）

通高 17.2 厘米，口径 15.3 厘米，耳间距 15.5 厘米。

翼城县大河口墓地 M9359 出土。

**涡纹鼎**

西周（公元前 1046—前 771 年）

通高 20 厘米，口径 16.7 厘米，耳间距 17.2 厘米。

翼城县大河口墓地 M8059 出土。

**涡纹鼎**

西周（公元前 1046—前 771 年）

通高 24.4 厘米，口径 18.7 厘米，耳间距 18.7 厘米。

翼城县大河口墓地 M8048 出土。

**龙纹簋**

西周（公元前 1046—前 771 年）

通高 14.1 厘米，口径 19.5 厘米，耳间距 25 厘米

翼城县大河口墓地 M8059 出土。

内底铸有"伯作宝尊彝"5 字。

**弦纹鼎**

西周（公元前 1046—前 771 年）

通高 22 厘米，口径 25.5 厘米，耳间距 25.5 厘米

翼城县大河口墓地 M9092 出土。

## 彩绘陶罐

西周（公元前 1046—前 771 年）

通高 20 厘米，口径 9.7 厘米，肩径 14.8 厘米，
底径 7.2 厘米。

翼城县大河口墓地 M8044 出土。

彩绘陶罐出土现场

**卜骨**

西周（公元前 1046—前 771 年）

（上）通长 33 厘米，通宽 16.5 厘米。
翼城县大河口墓地 M9041 出土。

（下）通长 35 厘米，通宽 17.5 厘米。
翼城县大河口墓地 M9043 出土。

# 襄汾县陶寺北两周墓地

陶寺北两周墓地位于陶寺村北塔儿山西麓向汾河谷地过渡的黄土塬上。墓地总面积约 24 万平方米，目前探明墓葬 1283 座，车马坑 4 座。墓葬多为南北向，东西向墓葬不足 50 座。

2014 年 9 月至 12 月，第一次抢救性发掘，共清理中小型墓葬 7 座，墓葬时代大体为两周之际；2015 年 3 月至 11 月，第二次抢救性发掘，共清理大、中、小型墓葬 5 座，墓葬时代为春秋中晚期。根据不同墓葬的形制及随葬品推断，襄汾县陶寺北墓地出土的墓主人包括大夫阶层、士阶层以及平民阶层。发掘者认为襄汾县陶寺北墓地出土应是一处晋国宗族墓地。

Ⅰ M7 随葬的玉器

陶寺北墓地Ⅱ M1 墓室全景

**猴形玉饰（2件）**

春秋（公元前 770—前 475 年）

长 8.5 厘米，宽 1.2 厘米。

襄汾县陶寺北墓地 I M7 出土。

**玉鸟**

春秋（公元前 770—前 475 年）

长 6.5 厘米，宽 1.8 厘米。

襄汾县陶寺北墓地 I M7 出土。

**玉兔**

春秋（公元前 770—前 475 年）

长 5.1 厘米，宽 2 厘米。

襄汾县陶寺北墓地 I M7 出土。

**玉蚕（2件）**

春秋（公元前 770—前 475 年）

长 6.7 厘米。

襄汾县陶寺北墓地 I M7 出土。

**玉鱼**

春秋（公元前 770—前 475 年）

长 7.9 厘米，宽 2.2 厘米。

襄汾县陶寺北墓地 I M7 出土。

**玉鱼**

春秋（公元前 770—前 475 年）

长 4 厘米，宽 1 厘米。

襄汾县陶寺北墓地 I M7 出土。

**玉蝉**

春秋（公元前 770—前 475 年）

长 3.7 厘米，宽 2.1 厘米。

襄汾县陶寺北墓地 I M7 出土。

**玉蝉（2 件）**

春秋（公元前 770—前 475 年）

长 3.3—3.6 厘米，宽 2—2.5 厘米，厚 0.9—1.1 厘米。

襄汾县陶寺北墓地 I M7 出土。

**玉璜**

春秋（公元前 770—前 475 年）

长 7.7 厘米。

襄汾县陶寺北墓地 I M7 出土。

**玉璜**

春秋（公元前 770—前 475 年）

长 10 厘米。

襄汾县陶寺北墓地 I M7 出土。

**玉璜**

春秋（公元前 770—前 475 年）

长 7.5 厘米。

襄汾县陶寺北墓地 I M7 出土。

**玉璜**

春秋（公元前 770—前 475 年）

长 7.2 厘米，宽 2.3 厘米，厚 1 厘米。

襄汾县陶寺北墓地 I M7 出土。

**玉璜**

春秋 ( 公元前 770—前 475 年 )

长 8 厘米，宽 2.2 厘米，厚 0.3 厘米。

襄汾县陶寺北墓地 2014XTM7 出土。

**玉璜**

春秋 ( 公元前 770—前 475 年 )

长 6.5 厘米。

襄汾县陶寺北墓地 2014XTM7 出土。

**玉玦**

春秋 ( 公元前 770—前 475 年 )

直径 4.7 厘米。

襄汾县陶寺北墓地 I M7 出土。

**玉玦**

春秋 ( 公元前 770—前 475 年 )

直径 4.5 厘米。

襄汾县陶寺北墓地 I M7 出土。

**玉玦**

春秋（公元前 770—前 475 年）

直径 4.2 厘米。

襄汾县陶寺北墓地 I M7 出土。

**玉璧**

春秋（公元前 770—前 475 年）

直径 4 厘米。

襄汾县陶寺北墓地 I M7 出土。

**玉璧**

春秋（公元前 770—前 475 年）

直径 4.8 厘米。

襄汾县陶寺北墓地 I M7 出土。

**玉钺**

春秋（公元前 770—前 475 年）

长 10 厘米，宽 8.1 厘米。

襄汾县陶寺北墓地 I M7 出土。

**玉神面**

春秋（公元前 770—前 475 年）

高 4.2 厘米，宽 3.1 厘米。

襄汾县陶寺北墓地 2014XTM7 出土。

**玉饰**

春秋（公元前 770—前 475 年）

高 4 厘米，宽 4.3 厘米。

襄汾县陶寺北墓地 I M7 出土。

**玉饰**

春秋（公元前 770—前 475 年）

（左）长 3.5 厘米，宽 1.8 厘米，厚 0.9 厘米。

（右）长 4.5 厘米，宽 1.2 厘米，厚 0.5 厘米。

襄汾县陶寺北墓地 I M7 出土。

**管形玉饰（2 件）**

春秋（公元前 770—前 475 年）

上直径 2—2.5 厘米，下直径 2.6—3 厘米，高 3.3—3.4 厘米。

襄汾县陶寺北墓地 I M7 出土。

**玉饰件**

春秋（公元前 770—前 475 年）

长 4.9 厘米，宽 1.9 厘米。

襄汾县陶寺北墓地 I M7 出土。

**玉饰**

春秋（公元前 770—前 475 年）

长 4.2 厘米，宽 3 厘米，厚 0.8 厘米。

襄汾县陶寺北墓地 I M7 出土。

**铜鼎**

春秋（公元前 770—前 475 年）

耳间距 68.5 厘米，口径 56.8 厘米，通高 52.8 厘米。

襄汾县陶寺北墓地 II M1 出土。

**方壶**

春秋（公元前 770—前 475 年）

口长 22.6 厘米，口宽 21.5 厘米，

残高 70.6 厘米。

襄汾县陶寺北墓地 II M1 出土。

**铜鉴**

春秋（公元前 770—前 475 年）

直径约 90 厘米，高 40 厘米。

襄汾县陶寺北墓地 II M1 出土。

陶寺北墓地 II M1 椁室

**编磬**

春秋（公元前 770—前 475 年）

残长 22—54.8 厘米，厚 1.5—2.7 厘米。

襄汾县陶寺北墓地 II M1 出土。

II M1 甬钟和编磬出土现场

**甬钟**

春秋（公元前 770—前 475 年）
高 35 厘米，跣间距 17 厘米。
襄汾县陶寺北墓地Ⅱ M1 出土。

**铜鬲**

春秋（公元前 770—前 475 年）

高 12.7 厘米，口径 15.6 厘米。

襄汾县陶寺北墓地 Ⅱ M1 出土。

**铜舟**

春秋（公元前 770—前 475 年）

长径 17.7 厘米，短径 13 厘米，通高 7.1 厘米。

襄汾县陶寺北墓地 Ⅱ M1 出土。

**铜舟**

春秋（公元前 770—前 475 年）

长径 14.2 厘米，短径 12.8 厘米，通高 8 厘米。

襄汾县陶寺北墓地 Ⅱ M1 出土。

**金饼**

春秋（公元前 770—前 475 年）

直径 9 厘米。

襄汾县陶寺北墓地 II M1 出土。

**金饼**

春秋（公元前 770—前 475 年）

直径 11.4 厘米。

襄汾县陶寺北墓地 II M1 出土。

**骨贝**

春秋（公元前 770—前 475 年）

长 2.2—2.4 厘米，宽 1.3—1.6 厘米。

襄汾县陶寺北墓地 II M1 出土。

# 侯马市新月小区东周祭祀遗址

2014年9月到2015年7月间，山西省考古研究所侯马工作站对侯马市新月小区东周祭祀遗址进行了科学发掘，也是全国重点文物保护单位——厎祁遗址的第九次发掘。这次发掘共清理祭祀坑822座。其中牛牲89例，羊牲275例，葬式有侧卧、仰卧、俯卧、蹲坐几种，多呈四蹄捆绑状。另有无牲坑458座。祭祀坑中出土玉、石器400余件，表面多数有切割痕迹，其中3件玉片上发现有墨书字迹。这次考古发掘，为进一步确定祭祀坑的年代、性质，揭示和研究晋都的规制和宗教礼仪制度提供了新的资料。

厎祁遗址位于侯马市高村乡厎祁村西北约1.5千米的浍河北岸。东西长约1000米，南北宽约800米，总面积约80万平方米。从东至西由夯土建筑、墓地、祭祀遗址三部分组成。1996—2012年，先后进行了八次大规模的科学发掘，清理古墓葬2000余座、祭祀坑3000余座、陶窑数座及夯土墙基和铸铜遗址，出土铜、铁、陶、玉石、骨器万余件，时代从春秋晚期至汉代，为研究晋都新田废弃前后的文化发展提供了极为珍贵的资料。

祭祀坑近景

新月小区东周祭祀遗址

**玉璜**

东周（公元前 770—前 221 年）

长 8.2 厘米，宽 4 厘米。

侯马市新月小区东周祭祀遗址出土。

**玉璧**

东周（公元前 770—前 221 年）

长 9.4 厘米，宽 6.9 厘米。

侯马市新月小区东周祭祀遗址出土。

**玉龙**

东周（公元前 770—前 221 年）

长 16.2 厘米，宽 4 厘米。

侯马市新月小区东周祭祀遗址出土。

**玉龙**

东周（公元前 770—前 221 年）

长 8 厘米，宽 4.9 厘米。

侯马市新月小区东周祭祀遗址出土。

**玉琥**

东周（公元前 770—前 221 年）

长 11.2 厘米，宽 2 厘米。

侯马市新月小区东周祭祀遗址出土。

**玉璜**

东周（公元前 770—前 221 年）

长 7.5 厘米。

侯马市新月小区东周祭祀遗址出土。

**玉璧**

东周（公元前 770—前 221 年）

外径 6.8 厘米，内径 2.6 厘米。

侯马市新月小区东周祭祀遗址出土。

**玉璧**

东周（公元前 770—前 221 年）

外径 7.1 厘米，内径 2.8 厘米。

侯马市新月小区东周祭祀遗址出土。

**玉环**

东周（公元前 770—前 221 年）

外径 6.5 厘米，内径 3.2 厘米。

侯马市新月小区东周祭祀遗址出土。

**玉戈**

东周（公元前 770—前 221 年）

长 18.5 厘米，宽 4.9 厘米。

侯马市新月小区东周祭祀遗址出土。

**玉饼**

东周（公元前 770—前 221 年）

直径 4.6 厘米。

侯马市新月小区东周祭祀遗址出土。

墓葬是古人身后的居所，是人生最后的归宿。墓葬文化在中国有数千年持续发展的历史，与本土宗教、伦理息息相关，特别是生死观念和孝道思想。

传统上，中国人讲究"事死如事生"，生前有什么，身后也要有什么。人们把亡者生前拥有的一切，尽可能地复制到墓葬中，既有亡者生前使用之物，也有专门为亡者制作的身后之物。此外，还会将墓室精心装饰一番，雕梁画栋、刻花绘彩，宛如生前的宅第。所有的这一切，都饱含着亲人对逝者的深情与爱意，被慎重地安排到地下的世界。

Tombs are the dwelling of men after death. The burial culture in China has a several-thousand-year history of continuous development. It is closely related to the local religions and ethics, especially the outlooks on life and death as well as the thoughts about filial piety.

Traditionally speaking, Chinese people hold the belief that "the dead should be treated in the same way as we treat the living." What one owns when she/he is alive should be included in the tomb. Therefore, people put as many things or duplicates as possible into the tomb. There are things once used by the dead; there are also things customized for the dead. In addition, the tomb chamber will also be carefully decorated as if it were a copy of his dwelling before death. All these efforts are the embodiment of the living relatives' affection and love for the dead, which are cautiously relocated into an underground world.

生前 身后

THE BURIAL CULTURE

# 翼城县老君沟墓地

老君沟墓地是 2011 年翼城县在唐霸大道施工过程中发现的。在文物考古单位尚未介入之前，建筑工程队已经对沿线路基进行了机械化施工作业，耕土层以下 1—3 米被推取，墓口、墓室均遭到不同程度的破坏，故墓葬的开口深度不明。

老君沟墓地共有汉代墓葬 23 座，其中竖穴土洞墓 13 座，竖穴砖室墓 10 座。出土器物包括陶器、铜器、铁器及漆木器等。陶器有罐、壶、瓮、灶、盆、甑等；铜器均为铜钱、铜镜、车马器等小件；铁器有铁釜、铁剑、铁工具等；可辨漆木器有漆木案、耳杯等。

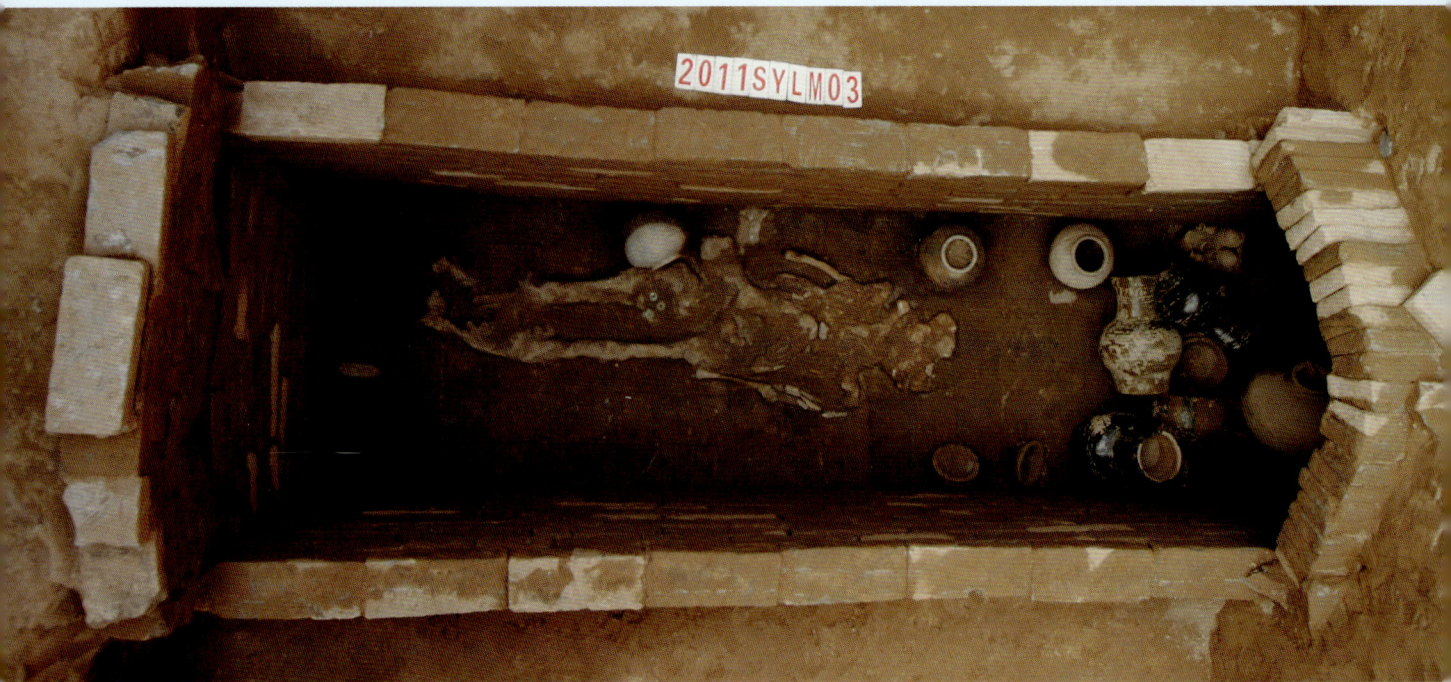

翼城老君沟墓地 M3

## 汉墓

汉墓分布很广，全国绝大部分省区都有发现，其中尤以两汉的都城和当时的郡县所在地分布最为密集。据不完全统计，目前发掘的汉墓已达万余座，对于研究汉代的社会经济、物质文化和丧葬制度有重要价值。

从构筑方式看，汉墓主要有两种形式，一种为土坑墓，一种为土洞墓或洞室墓。另外还有崖墓。土坑墓根据墓室构筑材质的不同又可分为木椁墓、空心砖墓、砖室墓、石室墓等。在砖室墓和石室墓中以彩绘壁画为装饰的称为壁画墓，在石室墓壁上雕刻各种画像的称为画像石墓，在砖室墓中另嵌入画像砖的称为画像砖墓。有的土洞墓也以空心砖或砖砌筑墓室。

**绿釉陶壶**

汉代（公元前 206—公元 220 年）

壶口径 15.3 厘米，底径 17.1 厘米，通高 43.5 厘米。

翼城县老君沟墓地 M3 出土。

盖顶面施绿釉，壶表面施深绿色釉至沿面，胎及内壁呈红色。颈部和肩部各有二周凹弦纹，肩腹转折处有三周凹弦纹。博山盖，盖底面平整；壶为盘口，平沿，沿面圆弧，长颈，溜肩，鼓上腹，下腹微弧斜内收，近底处向内折曲斜直，呈假圈足模样。平底，底面平整。肩腹转折处对称贴附模制铺首衔环。盖手制，内壁有横向抹痕和斜向刮抹痕迹，壶内壁有横向旋抹痕，颈部内壁下部有手指摁压痕，颈腹套接。

## 绿釉陶壶

汉代（公元前 206—公元 220 年）

壶口径 15.6 厘米，底径 16.2 厘米，通高 45.6 厘米。

翼城县老君沟墓地 M3 出土。

盖顶面施绿釉，壶表面施绿釉至沿面，釉色不均匀，呈黄色。颈部有连续凹弦纹三周，颈肩处和肩腹转折处各有二周凹弦纹。博山盖，盖底面平整；壶为盘口，平沿，长颈，溜肩，鼓上腹，下腹微弧斜内收，近底处向内折曲斜直，呈假圈足模样，平底，底面平整，肩腹转折处对称贴附模制铺首衔环。盖手制，内壁有横向抹痕和斜向刮抹痕迹，壶内壁有横向旋抹痕，颈部内壁下部有泥条叠筑和手指摁压痕迹。

铺首衔环

**绿釉陶壶**

汉代（公元前 206—公元 220 年）

壶口径 12 厘米，底径 12.5 厘米，通高 27.3 厘米。

翼城县老君沟墓地 M49 出土。

泥质，带盖壶。盖和壶外壁通施绿釉，一件釉色偏绿，另一件釉色偏深。胎及内壁呈红色。平顶盖，顶面微弧，底部削平，顶面浮雕柿蒂叶形纹、凸弦纹、菱纹及圆点纹。壶颈部、颈肩部和肩腹转折处均有三周凹弦纹。盘口，平沿，长径，鼓腹，下腹圆弧斜内收，近底处向内折曲，呈假圈足模样。平底，底面平整。肩腹转折处贴附模制铺首衔环。盖手制，内壁有不规则抹痕，壶内壁有横向旋抹痕。

## 绿釉陶壶

汉代（公元前 206—公元 220 年）

口径 16.2 厘米，底径 15.3 厘米，
通高 37.2 厘米。

翼城县老君沟墓地 M56 出土。

泥质，器表通施绿釉，胎及内壁
呈红色。颈部有凹弦纹两周，肩
部浮雕狩猎纹带一周，其上下以
凹弦纹界隔。盘口，平沿，口沿
加厚，束长颈，圆肩，鼓上腹，
下腹圆弧斜内收，近底处向内折
曲斜直，呈假圈足模样，平底，
底面平整，肩部对称贴附模制铺
首衔环。颈部内壁下部有手制痕
迹，口部内壁有横向旋抹痕。

**彩绘陶壶**

汉代（公元前 206—公元 220 年）

口径 18 厘米，底径 15.6 厘米，通高 34.5 厘米。

翼城县老君沟墓地 M35 出土。

泥质灰陶，器身遍施彩绘，以白色为底，颈部圈饰黑、红、绿彩带，其下肩部紧依彩带用黑笔复线画出蕉叶纹图案，将肩部分割成 9 部分，蕉叶复线间涂以红色，蕉叶下以黑笔勾画花草纹样，下腹部用红色勾画出蔓草纹图案，器表彩绘大多被磨蚀脱落。盘口，平沿，束长颈，圆肩，下腹圆弧斜内收，近底处向内折曲斜直，呈假圈足模样，平底，底面内凹。颈部内壁有手制痕迹，口沿内外有横向旋抹痕。

# 侯马市新月小区汉墓

新月小区共发掘8座汉代墓葬，其中西汉末年及新莽时期的墓葬6座，集中分布于Ⅱ区东北部。有土洞墓和砖室墓两种，出土有仿铜陶礼器、陶罐等；东汉墓2座，并列位于Ⅱ区西北部，为带长斜坡墓道的前后双室的砖室墓。这两座墓葬均被盗掘，出土有釉陶器、货泉及五铢钱。这些墓葬对于认识晋南一带汉代葬俗、葬制有重要价值。

汉代墓葬 M2009 墓室

**陶壶**

新莽（公元 8—23 年）

口径 14.5—15.3 厘米，最大腹径 28.4—29 厘米，底径 14.2—16.3 厘米，通高 36.7—37 厘米。

侯马市新月小区 M2009 出土。

环带口微侈，筒状颈，扁圆腹，假圈足。颈上部施窄条带黑色彩绘一周，颈肩结合部施窄条带红绘一周。肩上部施 4 道凹弦纹，肩腹转曲处施 1 道凸弦纹。两组弦纹之间模印浅浮雕与彩绘相结合施狩猎、奔兽纹。

# 侯马市新月小区北魏墓葬

新月小区发现的 4 座北魏墓，是晋南地区第二次发现的北魏墓，墓葬保存完整，有较高的学术价值。通过对墓葬分布、墓葬形制及出土器物的分析，这四座墓应属同一家族。

其中的 M1007 是山西发现的为数不多的有明确纪年的北魏洛阳时代的墓葬，其准确的纪年为墓群的断代提供了直接的依据。这批墓葬内涵丰富，呈现出文化的多样性，反映了拓跋鲜卑民族与中原汉晋传统文化，以及南朝文化相互影响而形成的"杂相糅乱"的文化面貌。晋南地区北魏墓葬的发现，对于研究北魏洛阳时代墓葬文化的差异性具有重要价值。

M1007 墓室

2015HYXM1007

## 墓铭砖

北魏·熙平元年 (516)

长 29.7 厘米，宽 15.1 厘米，厚 4.6 厘米。

侯马市新月小区北魏裴经墓（M1007）出土。

出土时为两砖扣合。上砖为盖，下砖为志。志文共 6 行，满行 21 字，共 110 字。内容主要讲述墓主人裴经一生为官的经历。该墓地的发掘丰富了山西裴氏家族的史料，对北魏晚期政治、历史的研究均有重要价值。

释文：

后魏河东裴君讳经字仲略之铭

解褐，为宣武皇帝之元弟京兆王常侍，出为齐州征房府中兵参军，入为奉朝请；后为孝文皇帝之少弟司州牧，高阳中正，除宜阳，猗氏二县令，入为襄威将军司徒府铠曹参军。春秋卅有七，以丙申岁正月五日而卒于官。妻赵郡李葳罗之女。

**青釉唾盂**

北魏·熙平元年 (516)

口径 9.4 厘米，最大腹径 13.6 厘米，底径 7.1 厘米，通高 8.9 厘米。

侯马市新月小区北魏裴经墓（M1007）出土。

盘口，束颈，广斜肩，扁圆腹，饼形实足。足心有一周凹弦纹。内施满釉，底部刮釉，外不及底。

釉色青黄。釉面满布细碎开片。灰白胎较坚致。足底有"火石红"。

**绿釉陶壶**

北魏·熙平元年 (516)

口径 17.1 厘米，底径 15.6 厘米，通高 39 厘米。

侯马市新月小区北魏裴经墓（M1007）出土。

红胎绿釉陶。敞口，平沿，长束颈，扁圆腹，圈足外撇，平底，壶底留有烧制时粘附的泥条。颈肩结合部及腹部分别施三周凹弦纹。肩部对称作铺首衔环。内壁口部以下未施釉。

## 铜碗

北魏·熙平元年 (516)

口径 13.7 厘米，通高 3.9 厘米。

侯马市新月小区北魏裴经墓（M1007）出土。

敞口，尖唇，腹部内收，圈底。内底部平行施两周凹弦纹。两周凹弦纹之间施波浪纹。内壁近口沿处、外壁口沿处、上腹部分别施凹弦纹。器内外壁均有铜锈，部分部位露出黄色。

## 鐎斗

北魏 (386—534 年 )

口径 11 厘米，通高 16 厘米。

侯马市新月小区 M1008 出土。

这件鐎斗为凫首曲柄，柄端为凫首状。侈口，斜折沿，腹部较直，平底。下接兽蹄足，足部外撇，呈竹节状。口沿一侧有凹槽状流。

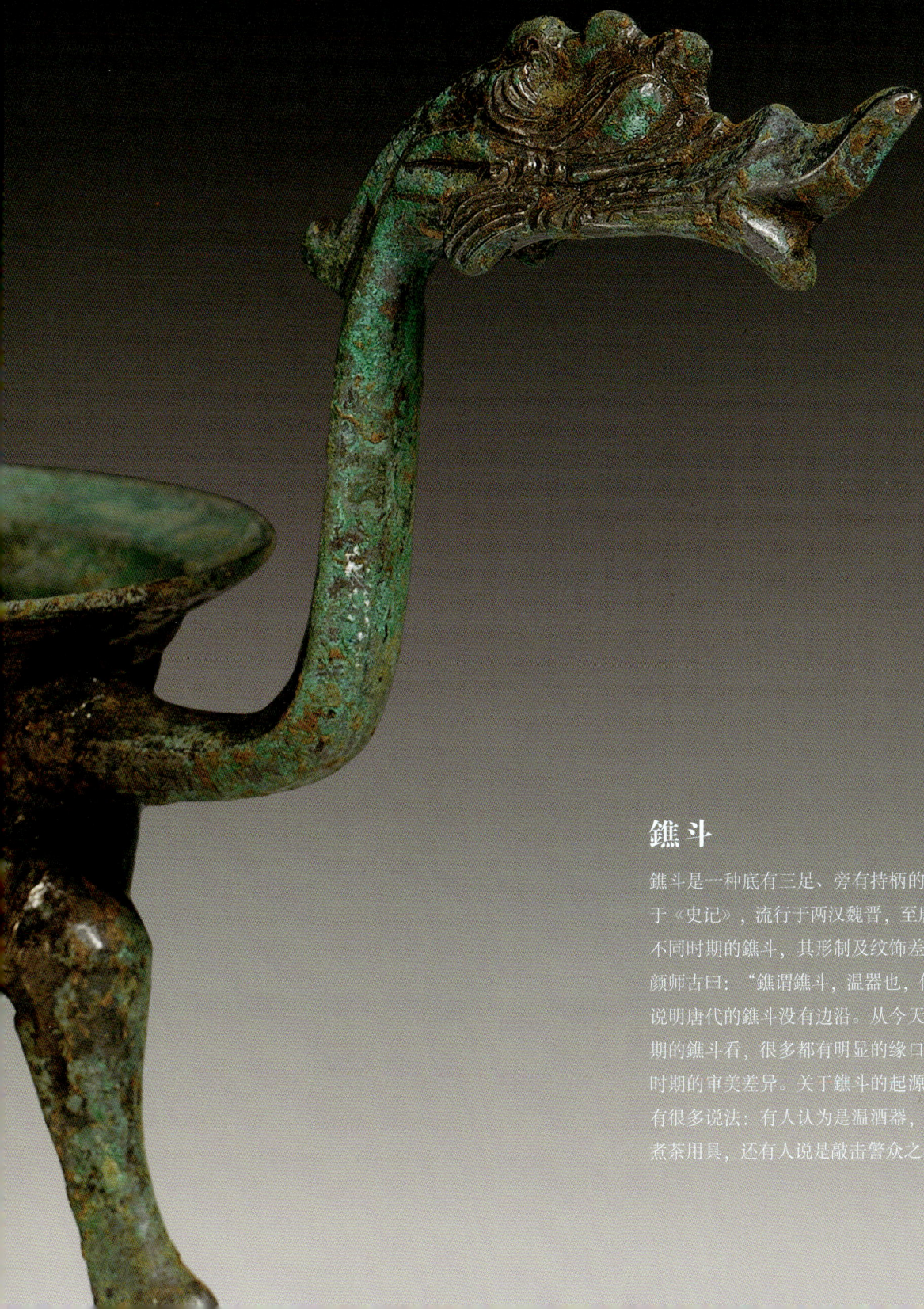

## 鐎斗

鐎斗是一种底有三足、旁有持柄的器皿，最早载
于《史记》，流行于两汉魏晋，至唐宋逐渐消失。
不同时期的鐎斗，其形制及纹饰差异较大。唐代
颜师古曰："鐎谓鐎斗，温器也，似铫而无缘。"
说明唐代的鐎斗没有边沿。从今天出土的汉魏时
期的鐎斗看，很多都有明显的缘口，展示了不同
时期的审美差异。关于鐎斗的起源和用途，一直
有很多说法：有人认为是温酒器，也有人认为是
煮茶用具，还有人说是敲击警众之器。

## 青釉瓷器

北魏 (386—534 年 )

侯马市新月小区 M1006 出土。

### 1. 青釉瓷碗

口径 13.3 厘米，底径 4.5 厘米，通高 7.7 厘米。

口微敛，尖唇，深弧腹，饼形实足，底部略内凹。灰白胎，较坚致。内施满釉，外不及底。釉色青黄，釉面满布细碎开片。近底处有流釉现象。

### 2. 盘口壶

口径 15.4 厘米，底径 10.2 厘米，通高 26.7 厘米。

盘状口，粗束颈，下部外撇，圆肩，上腹圆鼓，下腹内收，平底。肩上有四个两两对称的桥形系。颈部有两道凸弦纹。釉色青黄，器外施釉不到底，器内仅颈部施釉，底露胎，腹下部有流釉现象。

### 3. 鸡首壶

口径 5.1 厘米，底径 8.2 厘米，高 17.6 厘米。

浅盘口状，细长颈，圆肩，上腹微鼓，下腹内收，饼形实足外撇，平底。肩上有相对的两对桥形系，两对桥形系之间，一侧为高出壶口的龙头柄，龙口衔着盘沿，另一侧为鸡首。釉色青黄，器外施釉至饼足上部，器内仅颈部施釉，底露胎，胎质较细。腹下部有流釉现象。

M1006 墓室

墓道西壁壁画（局部）

# 忻州市九原岗北朝壁画墓

九原岗北朝壁画墓位于忻州市忻府区兰村乡下社村。该墓为带斜坡墓道的单室砖墓，坐北朝南，由封土、斜坡墓道、甬道和墓室四部分组成，总长40余米。2013—2014年，共清理壁画约240平方米，出土随葬品有陶俑残片和少量的陶、瓷器残片。

壁画主要分布于墓道的东、西、北三壁，内容包括仙人神兽、狩猎场景、出行仪仗等。其中，北壁墓门上方绘制的一座规模宏大的庑殿顶木结构建筑，是国内墓葬壁画中首次发现的北朝高等级建筑实例。九原岗壁画墓对于研究北朝社会生活、绘画艺术以及中国古代建筑具有重要意义。

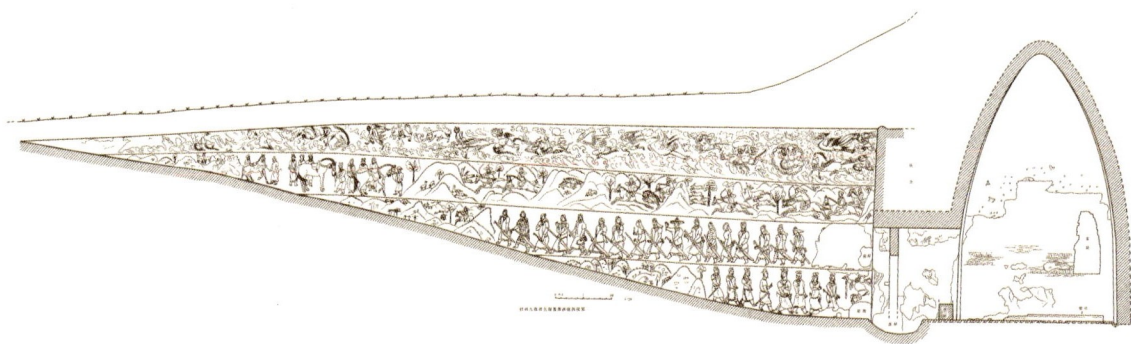

墓道西壁

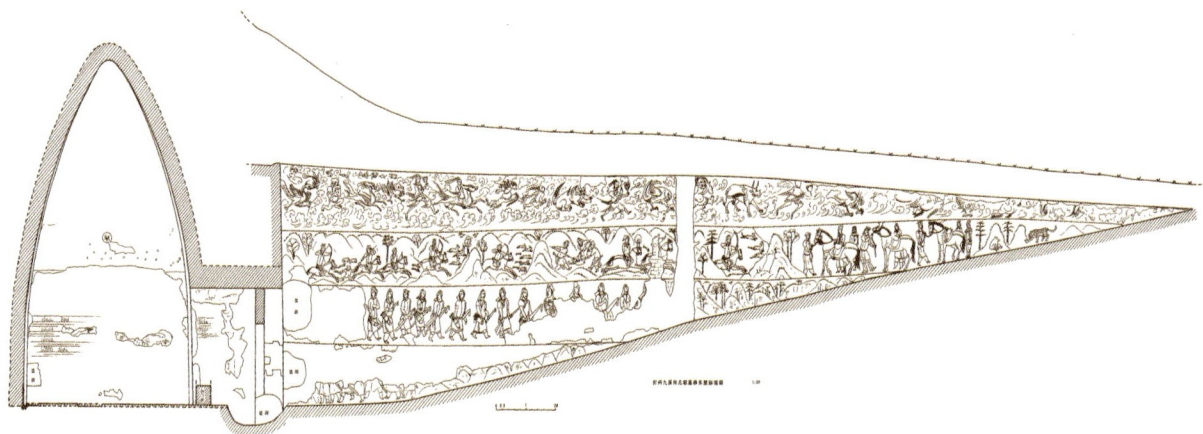

墓道东壁

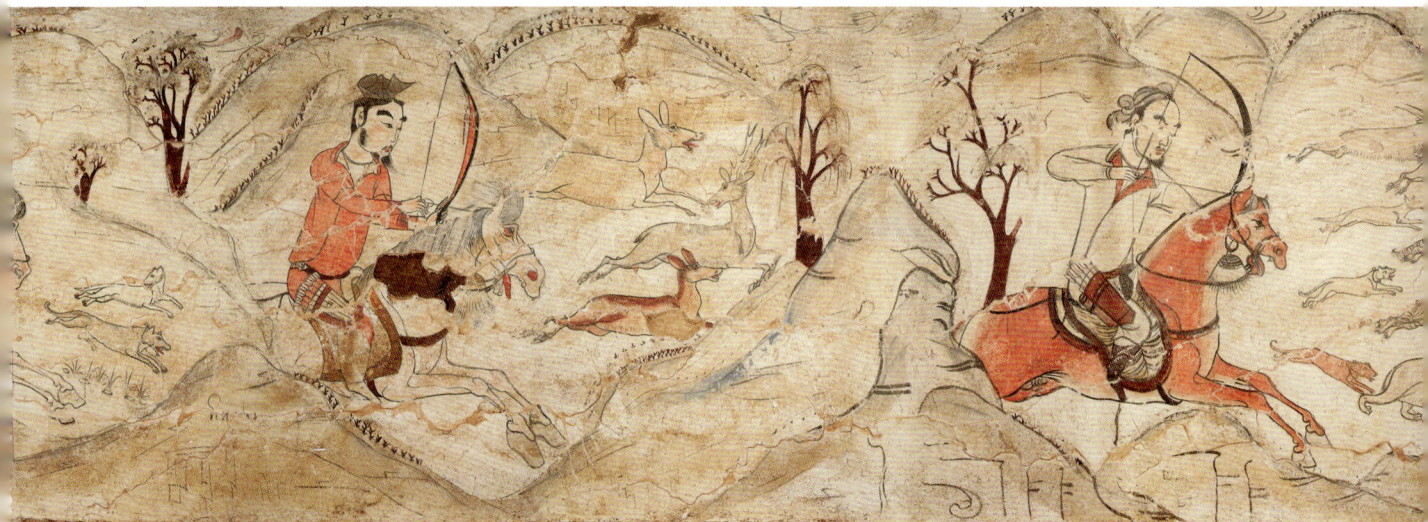

墓道东壁壁画（局部）

# 太原市开化墓地

太原市开化墓地位于太原市晋源区罗城街道办事处开化村东北，2012 年发掘。其中北齐墓葬共 19 座，形制均较为完整，随葬器物特征大致相近。

北齐墓中 M20 等级最高，是赵信及其夫人刘氏的合葬墓，出土彩绘陶俑 80 余件。该墓出土墓志一合，志文记载墓主赵信葬于河清三年（564），明确了这批墓葬的年代。太原市开化墓地所处的地点是太原地区累积发掘北齐土洞墓最多的区域，其分布范围集中于今开化村至寺底村一带。本次对开化北齐土洞墓的完整揭露，为这一区域北齐墓葬的相关研究提供了新的资料。

墓主人赵信，生于北魏太和二十二年(498)，祖籍今甘肃兰州一带，其先祖为氏族略阳赵氏，后归附北魏，袭封莫何弗、第一领民酋长。赵信本人因袭爵获军号，北魏末年历任冠军将军、中散大夫、开国子。东魏天平年间，追随献武帝高欢，被授予平西大将军，领骑五千，先后任离石镇将、徐州镇将等职。北齐天宝年间，转任楚州刺史。河清三年（564）与夫人合葬于蒙山一带，唐坂石灰谷东北二里，追赠骠骑大将军。

赵信墓墓室

墓室西南角随葬的陶俑

赵信墓志

**镇墓兽**

北齐·河清三年（564）

通高 36.6 厘米。

太原市开化村赵信墓出土。

全身彩绘，人首兽身。头戴黑色圆顶兜鍪，前额处有三条短凹槽。椭圆脸，脸面白净，墨点眉目，大耳，高鼻梁，口微张，双唇涂红彩，饰有山羊胡和麦叶形络腮胡。肩后有卷曲状翼毛，黑彩勾勒，其间填白彩和红彩。脊竖五撮剑形鬃毛，形态各异。呈蹲坐状，前肢两侧均有飞翼状红白彩绘图案，腹部两侧各有一个黑彩菊花状图案，下腹部有数道竖向黑色平行线纹饰。四肢均饰有数道横向黑色平行线。足呈马蹄状，立于台板上。

## 镇墓武士俑（2件）

北齐·河清三年（564）

通高 52 厘米。

太原市开化村赵信墓出土。

头部为榫卯套接制成。器体为面部和背部分别模制成型后拼接。盾牌贴敷而成。彩绘应是在器物成型后先施一层白地，再施其他彩绘。头戴乌镶红边圆顶兜鍪，乌黑色镶红边护耳。脸面白净，浓眉大眼，双眼炯炯。高鼻梁，颧骨凸出，紧闭红唇，双唇上下饰有胡须。身着鱼鳞状镶红边的银（白）色明光铠，胸背各两护中，每一护中均为同心圆的形式。两肩披有鱼鳞状镶红边披膊，铠甲和披膊的鳞片状纹饰间均有红色点彩。腰间束红色革带，并绘有三条平行黑线，其上另有一条鞢韄带向身体左侧斜挎。二者正面衔接处呈带扣状，上有三枚泡钉状饰物，背面衔接处将斜挎腰带曳至另一革带下并露出些许。明光铠下摆处有一圈衣褶，膝部有紧扣，下着白色及地缚裤，乌黑圆头靴。左手扶持镶红边银（白）色虎头长盾至足部，五指贴于盾面。右手作握武器状，武器已朽。

## 圆顶兜鍪背盾武士俑

北齐·河清三年（564）

通高 22.8—23 厘米。

太原市开化村赵信墓出土。

器体保存较好，彩绘保存较差，五官稍显
模糊。头戴圆顶兜鍪，白色镶枣红边，中
间有一起脊，有护颈护耳，右肩披幅略微
上翻，长圆形脸，鼻梁较高，颈围护带，
身着明光铠，胸部有两护中，每一护中均
为同心圆形式。左肩背兽面长盾，盾首系
带，跨过肩部，左手曲于胸前，紧握盾带，
右臂自然下垂，手部上握，虎口处有一圆孔，
孔朝外，作执物状，应为木质器械，已朽。
腰束枣红色革带，膝部有紧扣，缚裤圆头靴。

## 双手执物三棱风帽俑

北齐·河清三年（564）

通高 27.6 厘米。

太原市开化村赵信墓出土。

器体保存完好，彩绘保存一般。其中一件脑后部披缘有两条凸棱。头戴黑色三棱风帽，高鼻梁，厚唇，大耳，唇部涂红彩，颈部系巾，内着白色窄袖，外罩枣红色袍，右袒，腰束红色革带，袍袖扎于腰间，白裤白靴，左臂上举，右臂曲于胸前，双手虎口处均有一圆孔，作执物状，应为木质器械，已朽。

## 腰间执物披袍武士俑

北齐·河清三年（564）

通高 25.8—28.5 厘米。

太原市开化村赵信墓出土。

器体保存较好，彩绘保存较差，先施白彩作地，后施其他彩绘。头戴圆顶兜鍪，其前部正中隆起一道凸棱，边缘残存少许红彩。护耳可见极少红褐色材料，护颈两侧可见两褶。椭圆形脸，施白彩，面部白净，五官刻画较简略。鼻梁较高，双唇紧闭，唇鼻间褐彩点饰两撇胡须，双唇处有凹槽，下颌上翘。颈围护带。左手按腰间革带，左臂间有一筒形器物，中有一圆孔，应置木质器械，已朽。右臂于长袍内微曲下垂，右手持一矢箙于腰后，腰部右侧长袍撩至身后并自然下垂。

**单手执物三棱风帽俑**

北齐 · 河清三年（564）

通高 27.8—32 厘米。

太原市开化村赵信墓出土。

多数器身保存较差。彩绘保存较差，彩绘脱落严重。头戴黑色三棱风帽，长圆形脸，左面部面色白净，右面颧骨后有残缺，高鼻梁，双唇紧闭，唇部涂朱，下巴突出，身穿枣红色高圆领偏襟窄袖襦，腰间束红色革带，及地缚裤，圆头靴。右手下垂空握，所持物已朽坏不存。左臂微屈贴腹，长袖自然下垂，肃穆而立。

## 双手执物圆顶风帽俑

北齐·河清三年（564）

通高 25.6—26 厘米。

太原市开化村赵信墓出土。

器体保存较好，彩绘保存较差，脱落严重。头戴红色高领圆顶披缘翻耳扇长裙帽，圆脸，面部白净，双耳露于披缘前，高鼻梁，双唇紧闭，唇部涂朱，下巴突出，右臂袒于胸前，袍袖扎于腰部，腰束红色革带，及地缚裤，膝部有紧扣，圆头乌靴。左臂上举，右臂曲于胸前，双手虎口处均有一圆孔，作执物状，应为木质器械，已朽。左右臂袖口均较为明显。

## 双棱风帽背盾俑

北齐·河清三年（564）

通高 27.5—28.3 厘米。

太原市开化村赵信墓出土。

器体保存一般，彩绘部分脱落。头戴红色双棱风帽，广额丰颐，长圆形脸，脸面白净，高鼻梁，厚唇长耳，颈围护带，杏黄色短襦，腰束黑色革带，膝部有紧扣，及地缚裤，圆头靴，左臂有数圈凹槽，似为缠绕痕迹，左手上曲握盾带，左肩部斜背黑色云头长盾，右臂自然下垂，手部上握，虎口处有一圆孔，作持器械状，应为木质武器，已朽。

## 击鼓俑

北齐·河清三年（564）

通高 27.5—27.7 厘米。

太原市开化村赵信墓出土。

器体保存一般，彩绘保存一般。头戴乌黑色三棱风帽，长圆形脸，面部抹白，五官刻画简略。眉目不清，高鼻梁，厚唇长耳，唇点红彩，嘴角略陷，下颌微翘。颈扎打结系带，内着紧身白色或红褐襦，外披红袍右袒，右袍袖于腰前系入带中。腰部左侧系一圆形鼓，左右臂均上曲作持器械状，双手虎口处均有圆孔，原应有木质鼓槌，已朽。红袍下摆处有一圈衣褶，膝部有紧扣。

## 侍女俑

北齐·河清三年（564）

通高 16—23.7 厘米。

太原市开化村赵信墓出土。

站立女俑 3 件，头部和躯干系榫卯结构。器体保存一般，彩绘保存一般。头梳黑色元宝形髻，中有一缝。圆脸，涂橘红彩，五官刻画简略。眉目不清，鼻梁高耸，双唇涂朱，嘴角微陷，下颌略翘。颈部裸露，内着圆领内衣，残存白底、浅红彩和极少蓝彩。

单膝跪地跪侍女俑 1 件，彩绘保存较好。头梳双螺髻。椭圆形脸，面部施白彩，五官刻画简略。眉目不清，鼻梁较高，大耳，双唇涂朱。颈部裸露，内着圆领内衣，外穿枣红色右衽长袖短襦，腰间束百褶长裙。右腿曲蹲，左腿跪地，左臂自然下垂放于左膝上，右手拢于袖内扶于右膝之上。

**骆驼**

北齐·河清三年（564）

通高 30.6 厘米。

太原市开化村赵信墓出土。

器体保存较好，左足缺失，已复原。彩绘保存极差，仅存白地。昂首注视左前方，小耳，短尾。背负满载货物的垂橐，体型矫健，立于台板上。

## 牛车

北齐·河清三年（564）

车通长 27.3 厘米，宽 16 厘米；牛高 27 厘米，长 24.5 厘米，宽 8—10 厘米。

太原市开化村赵信墓出土。

捏制，器体保存一般，彩绘保存较差。有两车轮，轮径 18 厘米；车轮无辐，外侧有凸起的纺锤形轮毂，长 7 厘米，内侧有置车轴的圆孔，孔径 3.8 厘米。车上木质构件已朽，车身留有构件插孔。卷棚顶，顶部前后出檐均已残失，现存两条红彩平行线，似为卷棚顶的龙骨构架。车顶和车厢连接处左右各出一檐，施黑彩，上各有两个圆孔。车厢厢体涂黑彩。车厢后壁偏右侧开门，门框镶红边，门宽 5 厘米。车厢前壁饰以红白相间条纹，应为竖格条窗之意，长 10 厘米，宽 0.8 厘米。车厢底座前部左右两侧各有一孔，以置车辕，孔径约 1.4 厘米。

**模型明器**

北齐·河清三年（564）

太原市开化村赵信墓出土。

**陶仓**

通高 14 厘米。

**陶狗**

长 12—12.5 厘米，高 9—9.3 厘米。

**陶灶**

宽 9.8 厘米，高 12 厘米。

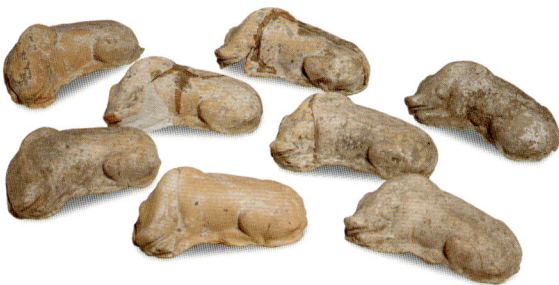

**陶猪**

长 15 厘米，宽 6.5 厘米，高 5 厘米。

**陶厕**

通高 7 厘米。

# 临汾市西赵墓地

西赵墓地位于临汾市尧庙镇西赵村西。2013 年 11 月至 2014 年 1 月，山西省考古研究所和临汾市文物考古工作站等单位对西赵墓地进行了发掘。此次发掘面积近 2000 平方米，发掘唐墓 12 座，均为单室墓，包括砖室墓 8 座、土洞墓 4 座。出土器物包括各类陶俑、彩绘陶罐、三彩瓶、鎏金铜环、鎏金铜泡钉、银钗、玻璃器、铁器、钱币等，其中 M2、M17 和 M45 出土的器物较为丰富。M2 是临汾市首次发现的唐代纪年墓。这 12 座唐墓的发掘，丰富了山西地区唐墓的资料，纪年墓的发现为进一步研究山西唐墓提供了准确的参考资料。

西赵唐墓 M17 墓室

**骑马女俑**

唐代（618—907 年）

长 23.7 厘米，通高 34.1 厘米。

临汾市西赵村 M17 出土。

**骑马男俑**

唐代（618—907 年）

长 24—36.3 厘米，高 33.3—36.3 厘米。

临汾市西赵村 M17 出土。

**骑马人物俑**

唐代（618—907 年）

长 36.3 厘米，高 36.3 厘米。

临汾市西赵村 M17 出土。

骑马的人物已经残缺，仅存双腿。

**镇墓武士俑**

唐代（618—907 年）

通高 51.5 厘米。

临汾市西赵村 M17 出土。

## 风帽男俑

唐代（618—907 年）

通高 24.1—26.1 厘米。

临汾市西赵村 M17 出土。

俑是中国古代墓葬中随葬用的偶人，最初可能是用来模拟殉葬的奴隶。东周以来，墓葬中的俑逐渐增多，秦汉至隋唐尤其盛行，北宋以后衰落，但仍沿用至元明。俑的质料以陶、木质最为常见，也有瓷、石或金属制品。宋代以后纸质明器开始流行，陶、木、石质的俑渐渐减少。

俑的形象主要有奴仆、乐舞、士兵、仪仗等，并常附有鞍马、牛车、庖厨用具和动物模型，以及镇墓压胜的神物。

俑大多真实地模拟着当时的各种人物，因此可以用来考证当时的社会生活，也是研究各代舆服制度的重要资料。

**单刀半翻髻女俑**

唐代（618—907 年）

高 30.4—31.9 厘米。

临汾市西赵村 M17 出土。

**镇墓兽**

唐代（618—907 年）

通高 26.1 厘米。

临汾市西赵村 M17 出土。

镇墓俑是震慑鬼怪、保护死者灵魂不受侵扰的一种冥器，最早见于战国楚墓，流行于魏晋至隋唐，五代后逐步消失。北朝时的镇墓俑通常包括两个蹲坐状的镇墓兽，一为人面一为兽面，以及两个形体高大的按盾甲胄武士。唐代的镇墓兽开始时仍为蹲坐状，后来改为张牙舞爪、鬃毛飞扬的姿态；甲胄武士装束的镇墓俑，逐步为天王状的镇墓俑所取代，又从足下踏牛改为踏鬼怪，甲胄装饰日趋华丽，体态雄伟生动。同时，出现色彩绚丽的三彩俑，常见黄、褐、白、绿等彩，也有蓝彩或黑彩。

**动物模型**

唐代（618—907 年）

陶狗长 12—12.6 厘米，高 4.4—4.9 厘米；

陶羊长 9.8—10.6 厘米，高 6.4 厘米；

陶猪长 14 厘米，高 6.9—7.4 厘米。

临汾市西赵村 M17 出土。

**陶牛**

唐代（618—907 年）

长 26.8 厘米，通高 18.8 厘米。

临汾市西赵村 M17 出土。

## 三彩瓶

唐代（618—907 年）

口径 6.3 厘米，最大腹径 17.4 厘米，底径 8.1 厘米，高 25.5 厘米。

临汾市西赵村 M45 出土。

唐三彩是一种盛行于唐代的低温釉陶器，在色釉中加入不同的金属氧化物，经过焙烧，便形成浅黄、赭黄、浅绿、深绿、天蓝、褐红、茄紫等多种色彩，但多以黄、褐、绿三色为主。"三彩"是多彩的意思，并非专指三种颜色。唐三彩造型生动，色彩协调、色泽艳丽、花纹流畅，富有生活气息，是一种具有独特风格的传统工艺品。因其胎质松脆，防水性能差，实用性远不如当时已经出现的青瓷和白瓷，主要被用于制作明器。唐三彩种类很多，主要包括人物模型、动物模型，以及各类器具。

# 昔阳金代砖雕壁画墓

2013 年 5 月至 9 月间，昔阳县先后发现了 7 座宋金时期的仿木构砖室墓葬。其中树条峪 1 号墓为八边形仿木构砖雕双室砖墓。墓底东西对称铺设两个棺床，整体平面呈倒"凹"字形，出土器物中瓷器占多数，种类有碗、盘、盏、枕等，以白瓷为主，有少量黑瓷，初步判定以临近地区的平定窑产品为主，此外还有定窑、井陉窑和介休窑等窑口的产品。其它墓葬中还出土有大量精美壁画和仿木结构砖雕。

这次考古发掘是昔阳县境内宋金时期墓葬首次科学考古发掘，丰富了这一时期的墓葬资料。这批墓葬年代较为集中，但结构形制多样，仿木构和壁画精美，壁画题材颇具地方特色，为研究山西地区太行山西麓宋金时期墓葬文化提供了宝贵的资料。

**白釉剔花卷草纹椭圆形枕**

金代（1115—1234 年）
枕面长 16.5 厘米，宽 12.5 厘米；底面长 15.5 厘米，宽 12 厘米；枕墙前高 8.4 厘米，后高 10 厘米。
昔阳县松溪路 M1 出土。

## 白釉印花梯形枕

金代（1115—1234 年）

通长 30.6 厘米，通宽 24.5 厘米，通高 27 厘米。

昔阳县松溪路 M2 出土。

古代瓷枕是日常生活中的实用器物，某些瓷枕也专门用于随葬。瓷枕带有很强的艺术性，非常具有展示性。宋元时期，各窑场都生产瓷枕。瓷枕都带有装饰，而且造型及装饰技法多种多样，还会在瓷枕上表现一些喜闻乐见的题材。当时富裕家庭造墓会把需要的题材都在墓壁上表现出来，贫困家庭使用土洞墓，就在瓷枕上表现一些他所希冀的题材内容。

**白釉印花碗**

金代（1115—1234 年）

口径 17.5 厘米，底径 6 厘米，高 3.5—6 厘米。

昔阳县新城小学 3 号墓出土。

**白釉印花碗**

金代（1115—1234 年）

口径 17.5 厘米，底径 6 厘米，高 3.5—6 厘米。

昔阳县新城小学 3 号墓出土。

**白釉印花碗**

金代（1115—1234 年）

口径 17.5 厘米，底径 6 厘米，高 3.5—6 厘米。

昔阳县新城小学 3 号墓出土。

### 黑釉铁锈斑梨式壶

金代 (1115—1234 年)

口径 4.4 厘米，底径 6.4 厘米，高 14.2 厘米。

昔阳县新城小学 M4 出土。

宋金时期，酿酒工艺在唐代基础上进一步普及和发展。商业的发展和城市的繁荣使民间对酒的需求量大增，而粮食的丰足和酿酒技术的成熟也使酒的品种增多、质量提高。宋代发明了蒸馏法，从此白酒成为中国人饮用的主要酒类。

宋金墓葬中出现大量的酒具，以及用酒作供养的壁画、砖雕。壁画里有侍女手端温碗和酒壶的画面，说明当时人们也喝热酒。当时的温酒方式与现在不同，现在是放在酒瓶里现热，当时是放在大碗里热，然后再倒入酒壶。

**酱褐釉鸡腿瓶**

金代（1115—1234 年）

口径 6—6.5 厘米，底径 8—10 厘米，高 34.6—44 厘米。

昔阳县出土。

鸡腿瓶是古代盛酒的瓶子。宋朝政府规定瓶装酒要纳税，不能随便生产和饮用。然而，当时民间私自酿酒情况比较严重，影响国家税收，因此，政府出台了此方面的禁令。金代政府对私人酿酒、酒曲都明令禁止。

**白釉酒具（一组 3 件）**

金代（1115—1234 年）

白釉梨式壶：口径 3.5 厘米，底径 5.5 厘米，高 14 厘米。

白釉瓷盏（2 件）：口径 8—8.5 厘米，底径 2.5 厘米，高 3.5 厘米。

昔阳县新城小学 M1 出土。

**黑釉油滴斑瓷盏（2 件）**

金代（1115—1234 年）

口径 9 厘米，底径 3 厘米，高 4.5 厘米。

昔阳县新城小学 M3 出土。

**黑釉茶具（一组 7 件）**

金代（1115—1234 年）

黑釉瓷盏（2 件）：口径 12.5—12.7 厘米，底径 4.2—4.4 厘米，高 5.1—5.9 厘米。

黑釉瓷盖盒：口径 7.6 厘米，底径 5.7 厘米，高 7.5 厘米。

黑釉凸线纹瓷执壶：口径 4.2 厘米，底径 8.2 厘米，高 14.8 厘米 。

带鋬圜底砂釜：口径 14 厘米。

浅腹平底灰陶盘：口径 38 厘米。

铜匙：长 9.7 厘米，匙宽 2.7 厘米。

昔阳县 2013XSM1 出土。

## 宋金时期的茶饮之风

宋金时期的茶饮分为两大类，一类是单纯的茶饮，只以一种茶叶点泡而成；一类是混合茶饮，将茶叶与其他多种物品混合在一起，擂碎后，或冲泡或煎煮而成。除了茶肆、茶坊、茶楼在固定的地方专门卖茶水等诸种饮料外，北宋汴京至夜半三更还有提瓶卖茶者，"盖都人公私营干，夜深方归也"。时人对饮茶的热爱也促进了"斗茶"活动的风行，因斗茶多以茶汤色泽及汤花持续时间长短论输赢，所以茶具多为黑釉、酱釉等颜色较深的色釉瓷。

**白釉瓷盏（2件）**

金代（1115—1234 年）

口径 8 厘米，底径 2.5 厘米，高 3—3.5 厘米。

昔阳县新城小学 M2 出土。

# 阳泉市东村元墓

东村元墓位于阳泉市河底镇东村。墓葬坐北朝南，墓室为仿木构建筑，砖砌八角形单室墓，叠涩攒尖顶，由墓道、墓门、墓室组成。墓壁自东南壁起，逆时针分别绘有牵驼行走、郭巨埋儿、庖厨备茶、墓主夫妇、散乐侍酒、原谷谏父、人物鞍马等内容的壁画。壁画高1.26米，宽1.14米，绘制人物25个，人物表情丰富，线条流畅，造型准确。2012年，山西博物院对壁画进行了揭取保护。

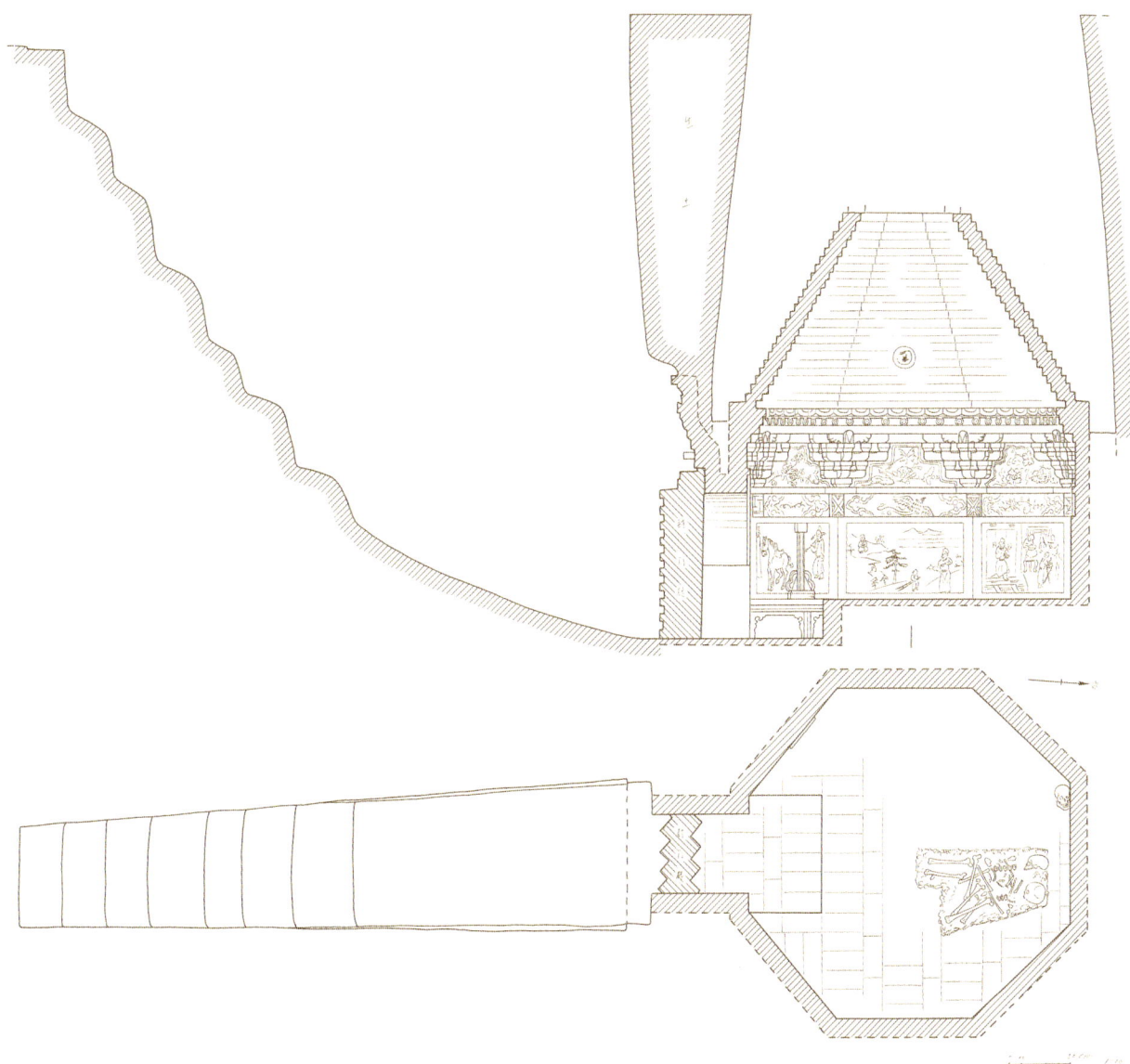

东村元墓平剖面图

## 南壁：门洞

位于墓室南壁，画面中主要为一砖砌拱形门洞。门洞内缘绘转折勾连的反"S"形连续几何纹样。门楣上方以双线勾边，内绘花草装饰。门洞壁画以白灰为底色，以黑色墨绘，装饰图案简单明了。

## 西南壁：人物鞍马

位于墓室西南壁，上段为红色小花叶装饰。下段的画面中绘一人一马，与其他画面不同的是，墙面的人马之间嵌一烛台式砖雕。左侧场景中拴有一匹缰佩鞍鞴齐全、体型敦实雄健的骏马，马蹄轻抬，栩栩如生。右侧场景中为一头戴翅角幞头、足蹬短靴、身着黄色长袍的男子。男子右手持一长柄勺，左手提一提梁壶，步态悠闲地前行。

## 西壁：原谷谏父

位于墓室西壁，装饰纹样及布局与"郭巨埋儿"相近，中段为红色凤鸟。"原谷谏父"故事出自元代学者郭居敬编录的《全相二十四孝诗选》。讲述的是富于智慧的少年原谷，晓之以理，动之以情，通过推己及人的道理规劝父母养老行孝的故事。画面中选取的场景，正是原谷之父责问其为何把推车捡回来，将不祥之物带回家中。原谷的父亲头戴帽巾，身穿圆领窄袖裹腹长袍，双手指向原谷，表情疑惑，神态威严。原谷则手拉推车，神态恭谨，状似认真答语。远景处的山林间，原谷年迈的祖父揣手盘膝，孤独无助，状甚堪怜。这个故事也告诉人们，父母是为孩子做榜样的人，应注意自己的言行，为孩子树立一个正确的榜样。

## 西北壁：散乐备宴

位于墓室西北壁，与墓主夫妇画面相邻，装饰布局与其相似。下方画面中共绘男女七人。画面左侧一红色大门内，一男子正端举满盘的食物跨出门槛，门前是多层的台阶，表明这是一大户人家。右侧窗前一男子手执一壶似在莲花炉上温烫美酒。旁边三人正在演练伎乐，一男子吹奏横笛，一男子在旁拍板，一男子则专心敲击架鼓与两人相配合。右侧前景处二女子手捧酒器徐徐前行。

# 长治县沙峪明墓

沙峪明墓位于长治县西池乡沙峪村。其中的 4 号墓为长方形斜坡墓道单室砖墓，窑洞式拱券顶，墓室总体造型为四合院式。墓道位于墓室东部，呈长方形斜坡状。墓室顶部绘有祥云、日月等图案；墓室四壁砌筑仿木斗拱、门窗、房柱等构件或装饰。

该墓出土绿釉加彩房屋模型、家具模型，以及陶俑等明器 80 余件，另外还有陶器、铁牛、瓷罐、铜钱等 10 余件。这些绿釉加彩的明器几乎涵盖了墓主人生前生活所需的各种用品，是晋东南地区明代社会生活的真实写照。

长治县沙峪明墓

## 北壁：墓主夫妇

位于墓室北壁，与门洞相对，上中段装饰与庖厨备宴图相似。下方画面正中绘墓主夫妇对坐，二人当中桌案上摆置一莲花底座牌位，上有墨书"宗祖之位"。墓主人头戴黑色幞头，身穿圆领窄袖长袍，墓主夫人外披半袖短衣，下着长裙。二人脚下垫有足踏。身后各立侍仆一名。墓主人身后方案上摆放有笔墨书册，墓主夫人身后桌案上则满摆酒饭。应是墓主夫妇日常生活场景的局部再现。

## 东北壁：庖厨备宴

位于墓室西北壁，与"郭巨埋儿"相邻。画面布局上段主要为三朵红色团花图案装饰，中段红色花卉缺失较多，下段画面中共绘男子六人。右侧带有帐幔的厅堂中设一桌案，案上放有食盒、提梁壶、编制状盛物篮等。案后一人正双手打开篮盖，取放物品。另一人手持器物作捣碾状。案前不远处一人正双手抱捧一个壶小心翼翼地走来。厅外左侧有一半开窗，窗口一人正在忙碌。窗外两人端举长盘相随，一盘中有杯壶等器，一盘中有高脚器。室外三人头戴黑色翅角幞头，身着圆领长袍，足蹬短靴。整个场景，一派紧张忙碌的气氛。

## 东壁：郭巨埋儿

位于墓室东壁，与牵驼内容相邻。"郭巨埋儿"为汉民族传统民间孝道故事，早在东晋干宝所著《搜神记》中已有记载。画面布局形式也与前相近，只是上段花草为墨色，中段装饰图案为一红色展翅凤鸟。下段画面中心左侧绘一抱婴妇女，右侧绘手按锹头的郭巨。妇女右臂侧抱一幼儿，上穿蓝色坎袖短衣，下着淡橘色长裙，面向对面的丈夫。郭巨头戴黑色帽巾，身穿圆领窄袖长袍，腰间束带。袍底斜扎于腰侧，下身着长裤，足蹬短履。足前横置一锄头。锄头后的坑内有金银财宝散发出光芒。郭巨右臂前抬，右手握拳，拇指长伸，面含喜色，似在与妻子言语。故事意在教导人们，父母年老之后一定要对其赡养，养亲是子女的最基本义务，也是中华民族的传统美德。

## 东南壁：牵驼人物

位于墓室东南壁，与门洞相接。整幅画面可分为上、中、下三段。上端门楣部分仍为双线勾边，内绘红色曲枝花草装饰。门楣与下端以与门洞相同的连续几何条纹间隔。几何纹条带下绘黑色卷曲纹装饰，纹样中部图案已辨识不清，两头为如意云形。下段长方形画面中绘一大型烛台和牵驼人物。烛台位于画面最前方，相对于后面人物形制明显偏大，应为独立物象。烛台后画中人物头戴淡黄色方形斗笠状帽子，上身着浅蓝色短衣，下身裤装自膝下紧束绑腿，脚穿短履。整体服饰装扮不似汉人。其右手执一长竿搭扛于肩部，左手绳牵一高大的黄毛骆驼。骆驼背上满驼象牙、丝麻等货物，上以酱色长布遮盖。骆驼与人均作行走状。

# 人物出行仪仗俑

明代（1368—1644 年）

最高约 20 厘米，最大宽约 10 厘米。

长治县沙峪村 M4 出土。

包括侍女俑 5 人，男奏乐俑 8 人，文吏俑 5 人，开道俑 2 人，轿夫 2 人，马俑 1 匹和轿子 1 顶。

## 家具模型

明代（1368—1644 年）

柜子高 20 厘米，椅子高 20 厘米，扣箱高 15 厘米，衣架高 20 厘米，脸盆架高 15 厘米，五供高 5—8 厘米。

长治县沙峪村 M4 出土。

包括柜子 2 件，椅子 2 件，扣箱 2 件，衣架 1 件，脸盆架 1 件，香炉 1 件，花瓶 2 件，烛台 2 件。

## 供桌

明代（1368—1644 年）

长 25 厘米，宽 20 厘米，高 15 厘米。

长治县沙峪村明代墓 M4 出土。

## 生活用具模型

明代（1368—1644 年）

辘轳井高 8 厘米，碾高 10 厘米，水桶高 4 厘米，灶台高 5 厘米，陶罐高 20 厘米，水缸高 5 厘米，小件高 3—10 厘米。

长治县沙峪村 M4 出土。

明器是中国古代专为随葬而制作的器物，又称"冥器"或"盟器"。通常模仿各种礼器或日用器皿、工具、兵器的形状，或者人、家畜、鸟兽的形象，以及车船、家具、建筑物等模型。质料以陶、瓷、木、石最为常见，也有金属。

新石器时代的墓葬中，已出现专供随葬的模型器；商周时期，明器使用日益普遍；战国时期，有些仿铜礼器的陶明器制作得相当精致；秦汉时期，陶质明器更为流行，特别是俑有了较大发展；东汉时期，各类模型日益增多；三国以后，南方墓葬中出现青瓷明器；唐代出现三彩明器，同时对明器的使用做了规定；宋代以后，纸制明器开始流行，但直到明代，王公贵族的墓葬中还有大量陶、木质明器随葬。

**房屋模型**

明代（1368—1644 年）

高 39 厘米，长 24.5—27.5 厘米，宽 12 厘米。

长治县沙峪村 M4 出土。

**床**

明代（1368—1644 年）

高 42 厘米，宽约 18.5—25 厘米，长 28.5 厘米。

长治县沙峪村 M4 出土。

中国古代城市，最早可追溯至新石器时代的城址，夯土城墙是明显的印记。城市从防御性质为主演变到以政治经济生活为主，是随着人们生活的社会化程度日益提高而逐渐形成的。

在历史的长河中，自然变迁、王朝更迭、战火兵燹都会影响到城市的兴衰。许多曾经繁华似梦的古代城市，早已湮没于岁月的尘埃。今天的考古学家从现存的断砖残瓦、破陶碎瓷中寻找线索，试图拼接历史，唤醒记忆，还原城市的沿革、布局、功能，探究古代城里人的生活起居、劳作营生、日常娱乐，以及宗教活动。

The earliest form of cities in China can be found in the town-site of the Neolithic Period. The loam wall is an obvious mark. From being mainly defensive to focusing on political and economic life, the change in the function of cities took place in a gradual way as the degree of socialization of human life increased.

In the course of historical development, natural changes, dynastic alterations and wartime chaos have all exerted an impact on the rise and fall of cities. Many once-prosperous ancient cities have been long submerged by the dust of years. Obtaining clues from the existing debris and rubble, modern archaeologists have been trying to piece together the history and retrieve the lost memories. They restore the history as well as the layout and function of cities in the hope that the daily life, entertainment and religious activities of ancient citizens could be explored in depth.

城市 生活 THE CLUES OF ANCIENT CITIES

# 大同市云冈石窟窟顶寺庙遗址

大同市云冈石窟窟顶寺庙遗址包括北魏时期的佛寺遗址和辽金时期的铸造工场遗址。北廊房、东廊房、西廊房、南廊房、塔基和砖瓦窑遗址。北廊房分套间和单间，正房前有柱础和散水，属前廊后室的廊房式建筑。塔基位于东西廊房中间靠南的位置，仅残存一方形台基，其四周是1.5米厚的夯土，外包片石，南面正中有一斜坡踏道，踏道宽约2.1米，长约5米，台基面破坏严重。这一塔基是我国已发现的最早的塔基之一。出土遗物主要是北魏建筑材料，残瓦居多，初步统计板瓦约18万块、筒瓦约3万块，文字瓦当数量庞大。

宗教自产生的那一天起就深刻地影响着人们的生活，各种各样的宗教活动成为人们精神生活中的一项重要内容。在一些特殊的历史时期，或者由于统治者的倡导、主持，或者受民众信仰的推动，某些宗教活动会非常频繁。不同的时代兴建了大量的宗教建筑，为人们的宗教活动提供了场所。今天，在古代城址的范围内，依然会发现许多与古人宗教活动相关的遗物。通过研究这些遗物，我们可以认识古人宗教活动的一些情况。

云冈窟顶遗址北魏寺庙遗迹

**板瓦**

北魏（386—534 年）

长 51 厘米，宽 26.5—30 厘米，厚 1.5—1.8 厘米。

大同市云冈石窟窟顶北魏佛寺遗址出土。

**筒瓦**

北魏（386—534 年）

长 49.5—51.5 厘米，宽 15—1 厘米，厚 1.7—2.3 厘米。

大同市云冈石窟窟顶北魏佛寺遗址出土。


**筒瓦**

辽金（907—1234 年）

长 38 厘米，宽 17 厘米，厚 2 厘米。

大同市云冈石窟窟顶遗址出土。


**"传祚无穷" 瓦当**

北魏（386—534 年）

瓦当直径 15 厘米，厚 2 厘米，筒瓦长 50 厘米。

大同市云冈石窟窟顶北魏佛寺遗址出土。

这是一件完整的带瓦当的筒瓦。

# 太原市晋阳古城遗址

晋阳古城作为中国北方重要的政治、经济和军事中心，从赵国初都、北朝霸府到盛唐北都、五代雄镇，在中国历史进程中起着重要的作用，是中原王朝安危所系的战略屏障，也是北方草原文明和中原农耕文明交融的大舞台。

晋阳古城的考古工作始于 20 世纪 60 年代。近年来的工作重点在古城西部，发现了不同时期的城墙遗址，揭示出西南城墙从汉晋至唐有过三次大的营建、扩建和修补；同时还发现了战国、北朝、隋唐、五代、金元、明清等各时期的灰坑、窑址、建筑基址、墓葬等各类遗迹；出土了大量建筑构件和生活用品。

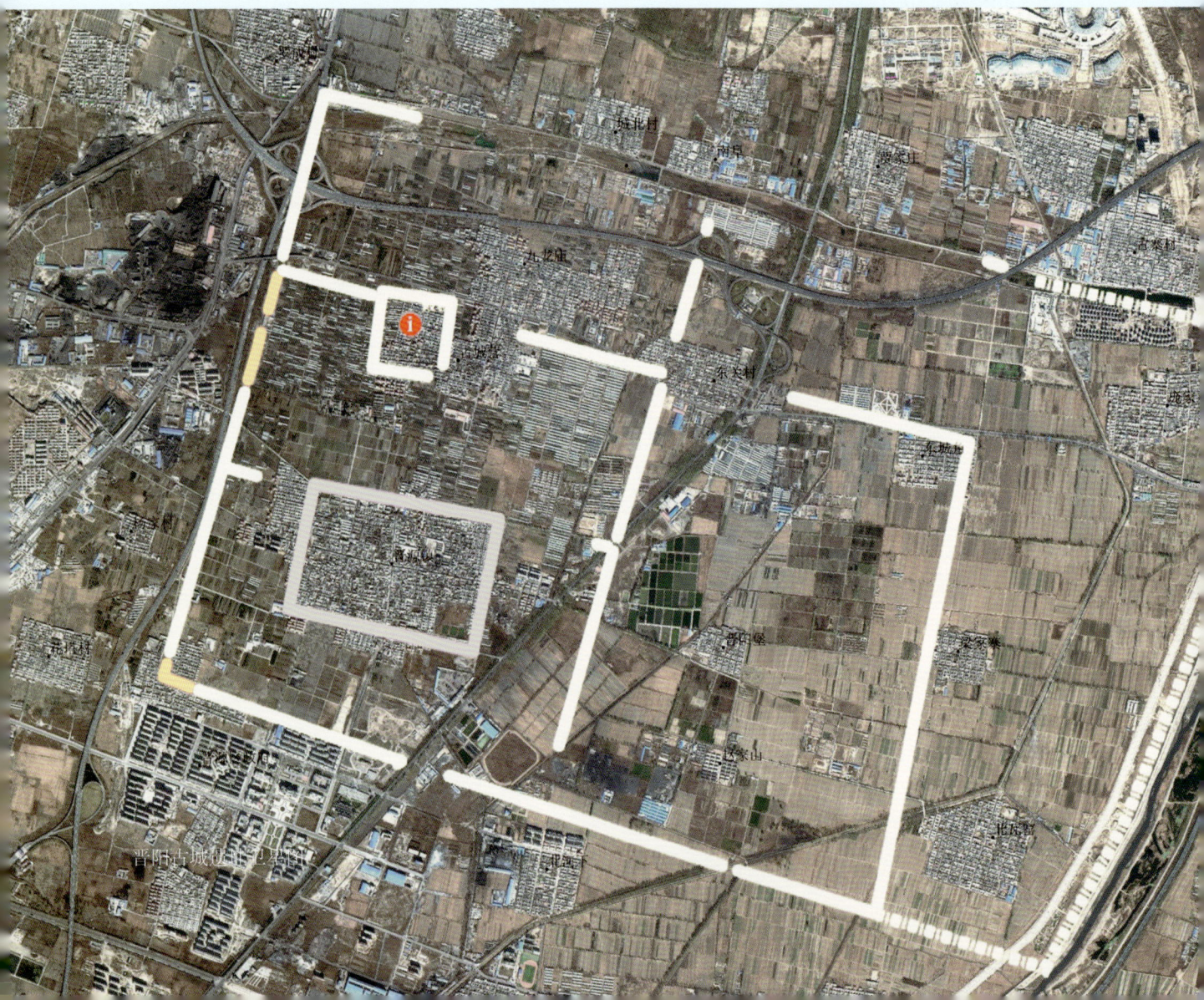

晋阳古城遗址卫星图

**残碑**

十六国（301—460 年）

残长 32 厘米，残宽 25 厘米，厚 6 厘米。

太原市晋阳古城遗址晋源苗圃出土。

残碑，共有文字 47 个，可辨文字 36 个，残缺字 11 个，文字大小统一 2.5 厘米见方。碑文残存内容为"临太行东震飞壶……危虑公乃衒帅还……渊将军田諲扬烈……命铠马光川救……城斩其……都尉李川……"等字。

## 四神纹方砖

汉代（公元前 206—公元 220 年）

长 27.6 厘米，宽 27.5 厘米，厚 3.4 厘米。

太原市晋阳古城遗址晋源果树场出土。

方形，完整，双线边框内，砖面从左到右依次为龙、龟、虎、鱼四种纹饰，与青龙、白虎、朱雀和玄武四神的组合稍有不同，其寓意为何有待进一步研究。

四神又称四象，即青龙、白虎、朱雀和玄武，是汉族人民所喜爱的吉祥物。这四组动物，也是古代汉族神话中的四方之神灵。在汉族民俗文化中，四神有祛邪、避灾、祈福的作用。春秋战国时期，由于五行学说盛行，所以四象也被配色成为青龙、白虎、朱雀、玄武。两汉时期，四象演化成为道教所信奉的神灵，故而四象也随即被称为四灵。

## "大魏兴和二年造"空心砖

东魏·兴和二年（540）

残长 64 厘米，宽 33 厘米，残高 10 厘米。

太原市晋阳古城遗址晋源苗圃出土。

空心砖残件。泥质灰陶，灰色，砖面磨光，正面主题纹饰为莲花纹与脚踩祥云的兽首鸟身蹄足神兽相间隔的组合纹饰，上下两侧为忍冬纹与同心圆纹相间隔的组合纹饰，其中一个同心圆纹的左右两侧分别模印楷书"吉利"、"万岁"铭文，莲花纹左上模印楷书"富贵"铭文，右侧有篆书"大魏兴和二年造"纪年，边框饰有变体龙纹。

**花瓣纹方砖**

晚唐五代（841—979 年）

长 35.8 厘米，残宽 30.5—33 厘米，厚 5.5—6 厘米。

太原市晋阳古城遗址一号建筑基址出土。

略残。砖的一面模印有纹饰，另一面为素面。
铺地用砖，素面及四个侧面有一层 1—2 毫米厚
的白灰。方砖一边略残，整体纹饰粗壮，四边
长方形边框内饰乳钉纹，中间为两个同心圆，
外圆外对应砖四角处饰草花纹，两圆中饰一圈
乳钉纹，内圆为八片花瓣组成的花瓣纹饰。

# 晋阳古城一号建筑基址

2013 年 5 月至 11 月，在太原市晋源区晋源镇康培集团苗圃内西北角，发现晋阳古城西城墙的一段以及唐末至五代
的建筑基址。这组建筑由一个整齐的小院落和若干随意搭建的房屋组成，小院落建在一个经过砖砌包边的夯土台基
上，从外观看地基非常规整，周围铺砖，形成散水。

出土物以建筑垃圾为主，包括碎砖块、石块、石柱础、筒瓦、板瓦以及数量较多的瓦当。此外还出土了数量较多的瓷片、
陶片。根据层位关系和出土器物，初步判断一号建筑的废弃时代为北宋早期。

从目前已经揭露的部分初步判断，一号建筑紧邻晋阳古城的西城墙，整体规模较小、建筑布局紧凑。出土的器物中包含
经幢构件等与佛教相关的遗物。从墙体的装饰方法上看，主要建筑的墙皮均涂红彩。综合以上信息推测，一号建筑为一
座规模较小的寺庙。

## 板瓦

西晋（265—316 年）

长 49 厘米，头宽 27 厘米，尾宽 31 厘米，厚 1.5—2.5 厘米。

太原市晋阳古城遗址二号建筑基址出土。

## 檐头花边板瓦

晚唐五代（841—979 年）

瓦长 36.5 厘米，瓦头宽 22.6 厘米，厚 2 厘米。

太原市晋阳古城遗址一号建筑基址出土。

截面饰弦纹，瓦尾边缘略残。素面布纹里，制作较为规整，浅灰色，凸面素面，凹面饰布纹，近瓦头 3 厘米处横向抹平。瓦呈头宽尾窄状，瓦尾端面为圆弧状。

## 筒瓦

唐代（618—907 年）

长 50 厘米，宽 17 厘米，厚 1.8 厘米。

太原市晋阳古城遗址一号建筑基址出土。

**云纹瓦当**

汉代（前 206—220 年）

直径 14.5 厘米，边宽 2.4 厘米。

太原市晋阳古城遗址二号建筑基址出土。

**莲花纹瓦当**

北朝（386—581 年）

直径 15 厘米，厚 0.9—1.2 厘米。

太原市晋阳古城遗址一号建筑基址出土。

当心饰凸起的莲蓬，外为 9 瓣花瓣，花瓣呈中有捏合线的肥硕椭圆形状，间以"T"字形突棱相隔，外为边郭，制作精致。背面较为平整，与筒瓦粘接处有泥刀刻划的痕迹。

**莲花纹瓦当**

唐代（618—907 年）

直径 14.5 厘米，厚 1.5 厘米。

太原市晋阳古城遗址二号建筑基址出土。

**兽面纹瓦当**

唐代（618—907 年）

直径 18 厘米，长 48.5 厘米。

太原晋阳古城遗址一号建筑基址出土。

这是一件完整的带瓦当的筒瓦。

**琉璃瓦当**

唐代（618—907 年）

直径 15 厘米，厚 1.3—3 厘米。

太原市晋阳古城遗址一号建筑基址出土。

**兽面纹瓦当**

晚唐五代（841—979 年）

直径 13.7—14.2 厘米，厚 1.2—1.5 厘米。

太原市晋阳古城遗址一号建筑基址出土。

附完整筒瓦，灰色。兽面鬃、鬟、须皆备，

鬃毛竖立，鬟须卷曲飞扬。两眉粗壮，鼻梁

呈圆点状，鼻孔张开，鼻下"八"字胡须卷曲。

口为一线，两侧有獠牙。边郭较粗，内缘饰

一圈不太明显的阳弦纹。背面较平，有泥刀

刻划的痕迹，附筒瓦外素面，内饰布纹。

**脊头瓦**

北齐（550—577 年）

长 33.5 厘米，上宽 23.5 厘米，下宽 29
厘米，厚 3.4 厘米，穿孔径 2 厘米。

太原市晋阳古城遗址晋源苗圃出土。

泥质灰陶，平面呈梯形，正面有一浮雕兽首，眉
心有圆形穿孔。兽面怒目而视，大鼻头，方下颌，
面部周围饰卷毛发，面态狰狞。

**脊头瓦**

唐代（618—907 年）

长 7.2 厘米，宽 6.9 厘米，厚 2.7 厘米。

太原市晋阳古城遗址一号建筑基址出土。

泥质灰陶，模制，右角残。瓦体略呈长方形，
兽面上下顶天立地，左右两边留有窄边，额
头正中有圆形穿孔，挑犄。兽面怒目而视，
大鼻头，张口吐舌，牙齿外露，舌尖呈三角
形，方下颌，面部周围饰卷毛发，面态狰狞。

## 戗兽

晚唐五代（841—979 年）

残长 38 厘米，宽 19 厘米，高 25 厘米。

太原市晋阳古城遗址一号建筑基址出土。

泥质灰陶，龙首，右耳残半，怒目圆睁，眉毛粗壮，嘴巴紧闭，獠牙外露，左边獠牙残半，圆形鼻孔，鼻下左右各饰四条胡须。

戗兽是古代汉族建筑戗脊上兽件，用于歇山顶和重檐建筑上。戗兽是兽头形状，将戗脊分为兽前和兽后，兽头前方安放蹲兽，其作用和垂兽相同，起到固定屋脊的作用，同时也有严格的等级限制。

## 汉白玉鎏金佛像

北齐（550—577 年）

残高 25 厘米，残宽 12.5 厘米，背屏厚 2.5 厘米，像残高 18 厘米。

太原市晋阳古城遗址晋源苗圃出土。

背屏式白石造像。背屏呈尖楣形，边缘饰火焰纹，底座残。正面雕一菩萨立像，下半部分残。菩萨头戴宝缯，面容清秀，上身披帛较宽，缠肩绕臂，在腹前交叉于穿璧后悬垂，下身着长裙，衣纹较密。菩萨双手各持一桃形法器（香囊），头部有三道圆形头光，身躯两侧各三道身光。背面浅浮雕一菩提树，树下浮雕一佛、一仆人、一车匿。造像正、背两面均施红彩，正面菩萨立像局部涂金。

## 经幢幢座

唐代 (618—907 年)

直径 36.4 厘米, 底径 20 厘米, 高 12.8 厘米;

孔径 16.4—17 厘米, 径深 12.8 厘米。

太原市晋阳古城遗址一号建筑基址出土。

幢座残段, 红褐色砂石质, 呈莲瓣形, 中间有
一圆形凹孔, 平底。正视有四层仰莲瓣, 俯视
有两层莲瓣。平面上有凿刻纹饰。

## 经幢幢身

晚唐五代 (841—979 年)

径长 15.5—16.5 厘米, 高 13.5 厘米。

太原市晋阳古城遗址一号建筑基址出土。

仅存一块, 青石质, 呈八边形。正面高浮雕一佛坐像, 佛像左上角有阴刻铭。佛像正背面阴线刻闭合的两扇门。其
余六面为阴线刻六面佛像, 佛像右上角有阴刻铭记, 因磨损严重, 仅可辨认"南无广博身如来"、"□无多宝如来"、
"南无□□□如来"、"南无甘露王如来"和"□无离怖畏如来"等字。

**塔形器**

晚唐五代（841—979 年）

通高 27.5 厘米。

太原市晋阳古城遗址一号建筑基址出土。

泥质红陶，通体磨光。尖顶，共有九层，

圆形，由底座、塔身、塔刹三部分组成。

功能不详。

**石碗**

晚唐五代（841—979 年）

口径 16.6 厘米，底径 7.6 厘米，高 8.3 厘米，厚 0.7—1.7 厘米。

太原市晋阳古城遗址一号建筑基址出土。

青灰色砂石质，方唇，斜折沿，侈口，深弧腹，下腹内收至底，小平底。下腹部有因使用留下的黑色烟炱痕。

**石罐**

晚唐五代（841—979 年）

口径 10 厘米，底径 17 厘米，高 15 厘米，厚 0.7—1.7 厘米。

太原市晋阳古城遗址一号建筑基址出土。

青灰色砂石质，含云母。方唇，平沿，敛口，弧腹，平底，底外撇。腹部打磨有三道凸棱纹，腹部有一方形口。

**石臼**

晚唐五代（841—979 年）

上宽 11 厘米，下宽 14 厘米，高 15.5 厘米，杵孔直径 6.2 厘米，深 8.8 厘米。

太原市晋阳古城遗址一号建筑基址出土。

黄灰色砂石质，呈规则的梯形，中部有杵孔。四壁有凿刻的纹饰。

**石夯**

晚唐五代（841—979 年）

直径 13.9 厘米，高 21.7 厘米，榫径 3.3 厘米。

太原市晋阳古城遗址一号建筑基址出土。

黄灰色砂石质，呈锥形，上面有榫眼。

## 骨人

晚唐五代（841—979 年）

高 10.9 厘米，厚 0.1—0.3 厘米。

太原市晋阳古城遗址一号建筑基址出土。

隐约可见墨书"镇宅大□"字样。

## 陶俑头

晚唐五代（841—979 年）

通高 15.5 厘米，最宽 6.4 厘米，最厚 5 厘米。

太原市晋阳古城遗址晋源苗圃出土。

陶俑头平放在一个竖长方形小坑内。坑以石块和砖垒砌，大石块盖顶。俑头内部中空，面部白色，黑色三角形帽子，帽子上有白色连珠纹装饰，额头和双眼两侧有水涡纹，背部有帽檐下露出的 3 厘米黑色头发。

**青釉碗**

北齐（550—577 年）

口径 13.4 厘米，底径 5.6 厘米，高 8.9 厘米。

太原市晋阳古城遗址一号建筑基址出土。

**黄釉高柄盘豆**

北齐（550—577 年）

豆盘直径 19 厘米，底径 12.2 厘米，高 11.8 厘米。

太原市晋阳古城遗址出土。

**斗笠碗**

唐代（618—907 年）

口径 17.4 厘米，底径 5.3 厘米，高 5 厘米。

太原市晋阳古城遗址一号建筑基址出土。

## 白釉花口盘

晚唐五代（841—979 年）

口径 13.8 厘米，足径 5.4 厘米，高 3.5 厘米。

太原市晋阳古城遗址一号建筑基址出土。

黄白胎，胎质细腻。圆唇，侈口，浅腹斜直，盘内底缓平微凸，高圈足外撇，圈足较窄，足心较平。盘身为四方花口，口沿由四组花口组成，每组花口由两个圆花瓣中间夹着一个三角形花瓣组成，盘内底有一团菊凸纹饰。内壁施满釉，外壁施釉至圈足，足床和足心未施釉，釉色洁白莹润，有明显使用痕迹。

## 黑釉花口盘

晚唐五代（841—979 年）

口径 12.8 厘米，足径 5.2 厘米，高 3.2 厘米。

太原市晋阳古城遗址一号建筑基址出土。

黄白胎，胎质细腻。圆唇，口微侈，浅腹微曲，盘内底较缓平，有三个支钉痕，圈足外斜削，挖足较浅。盘身为圆花口，五瓣，每组花口由两个圆花瓣中间夹着一个三角形花瓣组成。内腹施满釉，外腹施釉至中腹部，黑釉莹润。

**白釉莲瓣纹杯**

晚唐五代（841—979年）

口径6.5厘米，底径6.2厘米，高6厘米，厚0.2厘米。

太原市晋阳古城遗址一号建筑基址出土。

胎色洁白，胎质细腻。圆唇，侈口，深腹，圈足，足心微凸。葵口五瓣，口沿下有三周凹弦纹，外腹中部有七个仰莲瓣纹，莲瓣间有凹痕形成的花蕊。内腹施满釉，釉色洁白，口沿施釉后刮掉，外腹施釉至下腹近圈足处，圈足未施釉。

**白釉罐**

晚唐五代（841—979 年）

口径 2.6 厘米，底径 3.2 厘米，高 7 厘米。

太原市晋阳古城遗址一号建筑基址出土。

灰白胎，胎质较细。圆唇，卷沿，敛口，溜肩，鼓腹，下腹急收呈小平底。器内仅口部施釉，器外施釉至底，釉色白中泛青。

**白釉罐**

晚唐五代（841—979 年）

口径 9.4 厘米，足径 6.8 厘米，高 9.8 厘米。

太原市晋阳古城遗址一号建筑基址出土。

胎色洁白，胎质细腻。圆唇，敛口，圆肩，鼓腹，圈足外削，足心较平。外壁腹部有五条凹痕，内壁施满釉，外壁施釉至下腹，釉色较白。

**扑满**

晚唐五代（841—979 年）

底径 4.8—6 厘米，高 6—19.4 厘米。

太原市晋阳古城遗址出土。

泥质灰陶，顶上有一扁条形口，下腹部有一圆形孔。扑满是古人的存钱罐。中国古代有 2000 多年时间通行的是方孔圆钱。古人为储存之便，用陶作罐形或匣形的器具，顶端开一条能放进铜钱的狭口，有零散铜钱即投入其中；有的腹部还开有一小眼，供插系绳子用，悬吊于梁上。装钱只有入口，没有出口。钱装满后，则将其敲碎取之。"满则扑之"，故名"扑满"。

## 秘色瓷残片

唐代（618—907 年）

残长 5 厘米。

太原市晋阳古城遗址一号建筑基址出土。

秘色瓷是越窑青瓷中的精品，是进贡朝廷的一种特制的瓷器，因其制作工艺秘而不宣得名。

1987 年，考古工作者在扶风县法门寺塔唐代地宫中发掘出 13 件越窑青瓷器，在记录法门寺皇室供奉器物的物账上，这批瓷器记载为"瓷秘色"，从而使我们清晰地认识了"秘色瓷"。

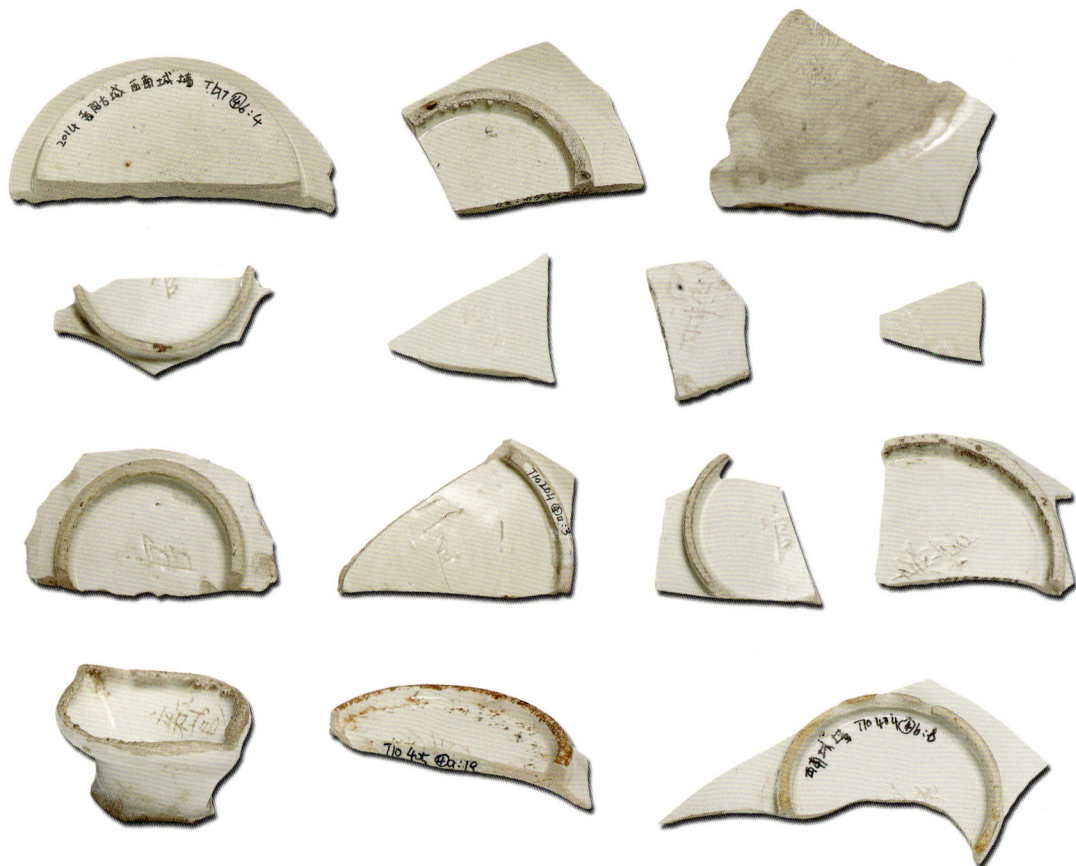

## 带款瓷片

唐五代（618—979 年）

残长 3—7.5 厘米，残宽 1.3—3.7 厘米，厚 0.2—0.5 厘米。

太原市晋阳古城遗址一号建筑基址出土。

瓷片均为白瓷，胎色洁白，胎质细腻，釉色洁白。刻有"官"、"新官"、"晋"等款识，反映了唐五代时期定窑系对晋中地区的影响，也对五代时期北汉官窑的研究提供了重要信息。

# 唐三彩狮子

晚唐五代（841—979 年）

长 22 厘米，宽 12.8 厘米，高 16.5 厘米。

太原市晋阳古城遗址一号建筑基址出土。

卧伏状狮，卧伏在一方形台座上，台座四面各有两个圆形镂孔。狮子回首，眼睛圆睁，獠牙外露，耳朵直立于脑上，脑后鬃毛披覆，长尾上卷至腰部，造型生动。狮身通体施酱、绿、黄三色釉，釉色浸润，色彩斑斓。台座施绿釉，釉色翠艳，釉层有剥落现象。胎色白中泛黄，胎质较细。

**凤首壶**

晚唐五代（841—979 年）
高 52 厘米。
太原市开化村出土。
带冠凤首器盖，壶颈细长，凤首
形流，凤嘴微张，执部形态流畅，
腹部呈现椭圆形，喇叭形底部，
底部较长。

# 永济市蒲州故城遗址

蒲州故城遗址分为东、西两城。由于黄河泛滥淤积，古代的护城河、街道、建筑基址等等都已被埋在深深的地表以下。地表以上可以看到的城墙也只是宋金时期修筑、明清时期沿用的城墙的上半部分，明清时期的北城门、西瓮城、鼓楼等建筑还部分地出露于地表。

2012 年至今的持续考古工作发现了北朝至唐代的城墙、唐代的房屋建筑基址、水道、踩踏面；宋金时期建筑基址、房址、灰坑、水井以及明清时期的房址等遗迹，出土了大量的不同历史时期的生活用具和建筑构件残片，反映了蒲州故城的历史变迁。

蒲州故城遗址宋金时期夯土基址航拍

蒲州故城遗址 2016 年发掘区全景（俯拍）

**《重修玄武殿记》残碑**

金代（1115—1234 年）

残长 32 厘米，残宽 20 厘米，厚 15.5 厘米。

永济市蒲州故城遗址出土。

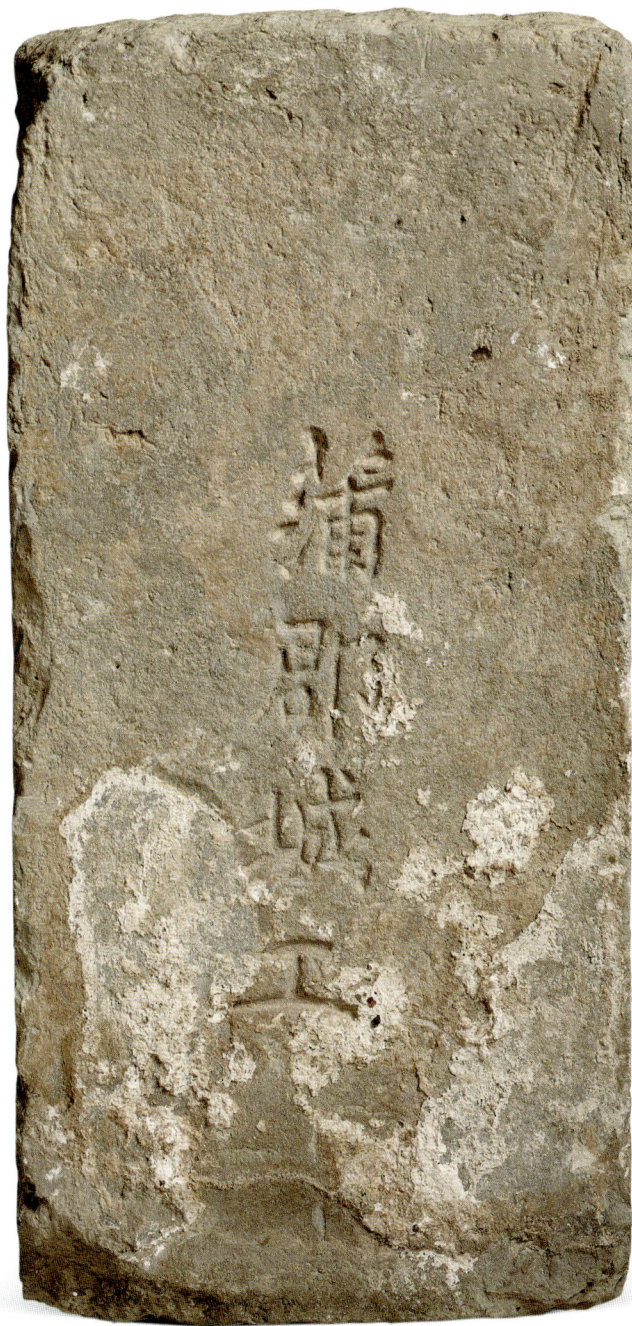

**"蒲郡城工"长方砖**

明代（1368—1644 年）

长 37 厘米，宽 17.5 厘米，厚 8.5 厘米。

永济市蒲州故城遗址出土。

**"常乐万岁"瓦当**

汉代（前 206—220 年）

直径 13.5 厘米。

永济市蒲州故城遗址出土。

**莲花纹瓦当**

唐代（618—907 年）

直径 13.5 厘米。

永济市蒲州故城遗址出土。

**兽面纹瓦当**

明清（1368—1911 年）

直径 11.5 厘米。

永济市蒲州故城遗址出土。

**造像残碑**

北周（557—581 年）

最大一块长 34 厘米，宽 25 厘米。

永济市蒲州故城遗址出土。

仅出土 8 片残块，无法复原。

**陶人坐像**

宋金（960—1279 年）

残高 6.6 厘米，残宽 2—7.5 厘米。

永济市蒲州故城遗址出土。

**陶人立像**

宋金（960—1279 年）

残高 9.3 厘米。

永济市蒲州故城遗址出土。

**陶武士坐像**

宋金（960—1279 年）

残高 3.6 厘米。

永济市蒲州故城遗址出土。

**陶童子像**

宋金（960—1279 年）

残高 3.3 厘米。

永济市蒲州故城遗址出土。

**花形陶范**

宋金（960—1279 年）

残长 8 厘米。

永济市蒲州故城遗址出土。

**人形陶范**

宋金（960—1279 年）

残长 8 厘米。

永济市蒲州故城遗址出土。

**黄釉碗**

唐代（618—907 年）

（上）口径 17 厘米，底径 7.5 厘米，
高 6 厘米。

（下）口径 15 厘米，底径 7.5 厘米，
高 7 厘米。

永济市蒲州故城遗址出土。

**白釉碗**

唐代（618—907 年）

（左）口径 15 厘米，底径 6.8 厘米，
高 4 厘米。

（右）口径 15 厘米，底径 6.6 厘米，
高 5 厘米。

永济市蒲州故城遗址出土。

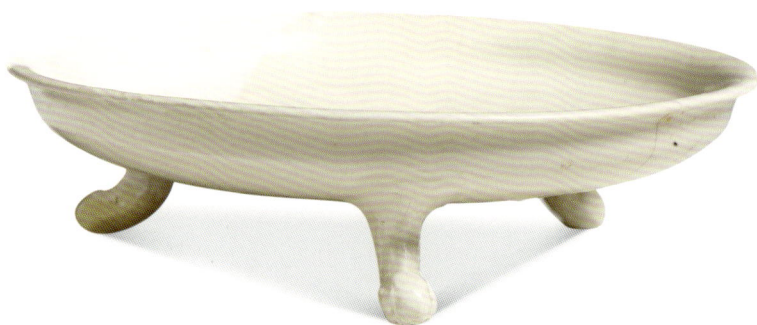

**白釉三足盘**

唐代（618—907 年）

口径 17.4 厘米，高 4.7 厘米。

永济市蒲州故城遗址出土。

**耀州窑青釉刻花碗**

宋金（960—1234 年）

口径 20.8 厘米，足径 5.8 厘米，高 8 厘米。

永济市蒲州故城遗址出土。

211

**白釉黑彩花卉纹高足杯**

明代（1368—1644 年）

口径 10 厘米，足径 4 厘米，高 9.6 厘米。

永济市蒲州故城遗址出土。

**木梳**

唐代（618—907 年）

长 7.4 厘米，宽 3.8 厘米，齿长 1.7 厘米。

永济市蒲州故城遗址出土。

**骨骰子**

宋金（960—1279 年）

边长 0.7 厘米。

永济市蒲州故城遗址出土。

# 新绛县绛州衙署遗址

新绛县绛州衙署遗址面积达 3 万平方米,考古发掘面积 6300 平方米。考古发掘的区域包括两处:一处是 2013 年 3 月至 2014 年 6 月之前所发掘的位于现存大堂建筑前(南)的一片区域;一处是 2014 年 6 月至 2015 年 8 月发掘的位于现存二堂后(北)与绛守居园池之间的另一片区域。经过两年多的发掘,共发现唐、宋、金、元、明、清 5 个时期的建筑遗存,出土了陶瓷器、钱币、金银器、建筑构件等种类丰富的遗物。考古发掘表明,绛州衙署遗址是山西地区使用时间长、范围大、文化面貌丰富、功能区划清晰的重要遗址。

绛州衙署遗址 II 区北部宋、金、元时期遗迹

## 几何纹方砖

宋代(960—1279 年)
边长 28 厘米,厚 2.8 厘米。
新绛县绛州衙署遗址 I 区出土。
背面模印 6 组外有方框,内有"╳"形的几何纹,间以直线隔开;正面原为素面,后刻划有 8 横 9 纵共计 72 小方格,作围棋盘使用。

**手印纹长方砖**

宋金（960—1279 年）

长 30 厘米，宽 14.5 厘米，厚 4 厘米。

新绛县绛州衙署遗址 I 区出土。

一面拍印一手印纹，另一面光素无纹。

## "官"字长方砖

宋金（960—1279 年）

长 31 厘米，宽 15.5 厘米，厚 4.5 厘米。

新绛县绛州衙署遗址 I 区出土。

背面正中模印一楷体"官"字，其上装
饰一星号 ★，正面光素无纹。

# 前堂与后室

在对绛州州署遗址的实际发掘中，发现在"前堂"区的遗物多以建筑构件和瓷器、陶器、货币为主，而在"后室"
部分出土的大多数为生活用品，如金饰、骨梳、发簪等。联系我国古代建筑群布局的共性，通常在建造之前就会对
建筑群有一个整体的规划，而"前堂后室"是最具代表性的做法。这说明因建筑物功能用途上的区别，在整体区域
上的划分存在明显的不同。

前堂后室又名"前堂后寝"、"前朝后寝"，是我国汉代出现的一种建筑风格，即前面建筑为厅堂，后面建筑为寝室。
曾一度在上层社会流行，随着社会经济的发展，这一风格逐渐为大多数人所推崇和接受。汉代以后，又发展为前堂
与后寝之间加盖左右厢房的建筑格局，典型的如北京的四合院。以后，宫廷建筑也仿效此种建筑风格，统治阶层的墓
室修建也仿效这种建筑风格，皇陵也以前堂后寝的形制呈现。直到现在，这种建筑风格仍在沿用。

## 花口板瓦

宋金（960—1279 年）

长 35.5 厘米，宽 21—25.5 厘米，厚 1 厘米。

新绛县绛州衙署遗址 I 区出土。

## "官"字板瓦

宋金（960—1279 年）

残宽 16 厘米，厚 1.5 厘米。

新绛县绛州衙署遗址 I 区出土。

残，正面戳印一楷体"官"字，周围有双方框，背面有布纹。

## 板瓦

金元（1115—1368 年）

长 37.5 厘米，宽 20—24 厘米，厚 2 厘米。

新绛县绛州衙署遗址 I 区出土。

完整，背面有布纹，且划有纵向竖线纹两道。

## 筒瓦

宋金（960—1279 年）

长 35 厘米，宽 13 厘米，厚 1 厘米。

新绛县绛州衙署遗址 I 区出土。

**莲瓣纹瓦当**

唐代（618—907 年）

直径 11.3 厘米。

新绛县绛州衙署遗址 I 区出土。

模印 8 瓣莲瓣纹，边缘一周装饰连珠纹，背面有接痕。

**莲瓣纹瓦当**

唐代（618—907 年）

直径 11 厘米。

新绛县绛州衙署遗址 I 区出土。

正面模印 8 瓣莲瓣纹，背面有接痕。

**莲瓣纹瓦当**

唐代（618—907 年）

直径 13 厘米。

新绛县绛州衙署遗址 I 区出土。

正面模印 15 瓣莲瓣纹，外有圆圈及连珠纹一周，背面有接痕。

**莲瓣纹瓦当**

五代（907—979 年）

直径 12.6 厘米。

新绛县绛州衙署遗址 I 区出土。

正面模印 7 瓣莲瓣纹，外有圆圈及连珠纹一
周，背面有接痕。

**兽面纹瓦当**

宋代（960—1279 年）

直径 13.7 厘米。

新绛县绛州衙署遗址 I 区出土。

正面模印兽面纹，较为突出，外有圆圈一周，
纹饰有刮抹痕迹，瓦当与筒瓦间有明显接痕。

**套兽**

金元（1115—1368 年）

通长 33.5 厘米。

新绛县绛州衙署遗址 I 区出土。

方体，一端较宽，中空，整体为一舌部外吐上翘的鸱吻形象，双目圆睁，两角树立，鬃毛后飘，刻画形象。

## 元始天尊造像残碑

唐乾封年间（666—667 年）

残高 29 厘米，残宽 26.5 厘米，厚 9 厘米。

新绛县绛州衙署遗址 II 区出土。

碑阳额部大龛受损，主尊及两侧胁侍缺失，仅存莲花宝座底部；下层龛为平顶，中间雕香炉，两侧各有一人相向而跪，左右两端有狮蹲踞于地。碑身为发愿文，由于该碑曾被后人截断再次利用，碑文已缺失数行，但仍可看出系供养人阎氏为其亡夫所立。碑阴细线刻划两人，对坐于蒲榻类坐具之上交谈，衣着头冠具有明显的唐朝风貌，上部残存莲花座纹饰。碑侧光素无纹。

**黑釉研磨器**

唐代（618—907 年）

口径 13 厘米，足径 6 厘米，高 3.3 厘米。

新绛县绛州衙署遗址 I 区出土。

黄白胎，有极细小气孔，胎体较坚。口沿内外施釉，釉色酱黑，釉面光洁。外壁有火石红。敞口，圆唇，浅弧腹，饼形足。内腹划花装饰纹饰，腹部为一周竖条纹，内底为放射状纹饰，间以若干周弦纹。

**秤砣**

宋金（960—1279 年）

高 10 厘米，残重 0.65 千克。

新绛县绛州衙署遗址 I 区出土。

砾石，未经雕饰。残存多半，呈不规则椭球体，顶部有牛鼻眼孔。

**石杵**

金代（1115—1234 年）

长 9.4 厘米。

新绛县绛州衙署遗址 II 区出土。

青石质，圆柱体柄，上刻弦纹若干及斜线纹，杵头较大，端部呈球面，有使用痕迹，光滑。

**石臼**

明清（1368—1911 年）

口径 17 厘米，足径 10.5 厘米，高 12.5 厘米。

新绛县绛州衙署遗址 I 区出土。

黄灰色砂石质，基本完整，底有孔。器体厚重，方唇，带流，直口，深弧腹，饼形足。内外有刻痕，外壁近口处刻划凹弦纹两周，流部以下腹壁对称刻划螺旋纹两处。

## 耀州窑白釉黑彩花卉纹器盖

唐代（618—907 年）

口径 6—7 厘米，厚 1 厘米。

新绛县绛州衙署遗址 I 区出土。

黄褐色胎，胎质略疏，夹极细小黑砂。母口，方唇，盖面微弧，无钮。内壁部分施釉，盖面以棕黑色釉绘花卉纹饰。

## 白釉花口碗

五代（907—979 年）

口径 16.5 厘米，高 5.9 厘米，底径 7.4 厘米。

新绛县绛州衙署遗址 I 区出土。

黄白胎，夹极细小黑砂，胎质较坚。内施满釉，外至口沿下，釉色泛青灰，满布细碎开片，有流釉现象。敞口，口部有四处分布均匀的三角形缺口，弧腹较深，饼足，足缘斜切。光素无纹。内底残留两处椭圆形垫烧痕，口沿处有粘烧痕。

## 耀州窑青釉划花轮花纹花口碗

五代（907—979 年）

口径 17.6 厘米，足径 8.6 厘米，高 5.4 厘米。

新绛县绛州衙署遗址 II 区出土。

灰胎，胎体坚致较细腻。除足沿外，内外皆施釉，施釉均匀。釉色灰绿，釉面光洁平整。整体 5 瓣海棠花形，尖唇，弧腹，圈足，足墙竖直，外高内低，足沿平切较窄。内底细线阴刻划轮花纹，线条细密。

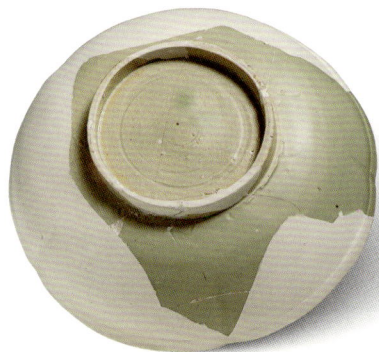

## 湖田窑青白釉划花水草花卉纹斗笠碗

北宋（960—1127 年）

口径 11.9 厘米，足径 3.2 厘米，高 6 厘米。

新绛县绛州衙署遗址 II 区出土。

白胎，坚薄，细腻。内施满釉，外至足墙，釉色影青，莹润光泽。整体呈斗笠形，撇口，尖唇，深弧腹，小圈足，足墙较直，外高内低，足沿较尖。内外腹壁细线划花装饰水草花卉纹，线条细密。足心有垫烧痕。

## 定窑白釉荷花纹碗

北宋（960—1127 年）

口径 20.4 厘米，高 4 厘米，底径 6.2 厘米。

新绛县绛州衙署遗址 I 区出土。

胎色洁白，胎质细腻坚致。芒口，内外施满釉，釉色泛黄，有流釉现象。敞口，花形，尖唇，浅弧腹，腹部出筋，平底，圈足，足墙竖直，内外齐平，足沿窄平。内底刻花装饰荷叶纹，纹饰精美，刻划有力，线条流畅，周身有一圈凹弦纹。

## 耀州窑青釉刻花碗

北宋（960—1127 年）

口径 20 厘米，高 7 厘米，底径 5 厘米。

新绛县绛州衙署遗址 I 区出土。

灰胎，胎质较坚。除足沿外，内外皆施釉，釉色黄绿，釉面平整，满布开片。敞口，尖唇，弧腹，圈足，足墙外高内低，外墙竖直，内墙外斜，足沿微圆。内壁刻花装饰，从上至下，可分两层，上层近口沿处刻缠枝草叶纹一周，下层腹部及底部刻缠枝牡丹纹，纹饰繁缛，布局饱满，线条流畅。足沿略有火石红。

## 固镇窑白釉花口盘

金代（1115—1234 年）

口径 11.4 厘米，足径 3.6 厘米，高 2.8 厘米。

新绛县绛州衙署遗址 I 区出土。

细白胎，胎薄坚致。芒口，内施满釉，外至足墙，釉色微灰，釉面平整。花口外撇，弧腹，圈足，足墙外低内高，外墙竖直，内墙外斜，足沿窄平。光素无纹，外腹刻印，内腹出筋。内底残留分布均匀的三处小米粒大小的垫烧痕。

## 固镇窑白釉碗

金代（1115—1234 年）

口径 11.5 厘米，高 4.7 厘米，底径 3.7 厘米。

新绛县绛州衙署遗址 I 区出土。

胎色洁白，胎质细腻。内施满釉，外至足墙，足心无釉，釉色洁白，釉面光滑平整。敞口微敛，尖唇外凸，弧腹，圈足，足墙内外齐平，外墙内斜，内墙外斜，足沿平切。光素无纹。足心有墨书"十"字。内底有三处细小支钉痕。

## 霍州窑白釉印花执莲童子纹盘

金代（1115—1234 年）

口径 6.2 厘米，足径 4.2 厘米，高 3.7 厘米。

新绛县绛州衙署遗址Ⅱ区出土。

白胎，坚薄细腻。内施满釉，底刮涩圈，外至足沿，釉色白中泛黄，釉面平整光洁。敞口，尖唇，浅腹，圈足，足墙竖直，内外齐平，足沿平切。内壁印花装饰执莲童子纹。足心有墨书，不可辨识。

## 霍州窑白釉碗

金代（1115—1234 年）

口径 25.4 厘米，高 10.4 厘米，底径 8.6 厘米。

新绛县绛州衙署遗址Ⅰ区出土。

白胎微黄，夹极细小黑砂，胎体较坚。内施满釉，外至足墙。白釉泛黄，施釉不匀，有流釉现象，釉面满布细碎开片。撇口，圆唇，深弧腹，圈足，足墙外撇，内外齐平，足沿平切。光素无纹。内底凸起不明显弦纹。内底均匀分散 6 处不甚明显的垫烧痕，足沿隐约可见垫烧痕。足心刻划"*"形修坯痕。

## 白釉划花莲荷纹器盖

金代（1115—1234 年）

直径 14 厘米，高 2 厘米。

新绛县绛州衙署遗址Ⅰ区出土。

灰白胎，夹细黑砂，胎体较坚。除口沿外，余皆施釉，釉色灰白，釉面较光滑。子口较短，尖圆唇，平折沿，盖面向上隆起，柿蒂钮。盖面以钮为中心，划有简体荷莲纹。

**黑釉兔毫纹碗**

金代（1115—1234 年）

口径 13 厘米，高 5.8 厘米，底径 5.1 厘米。

新绛县绛州衙署遗址 I 区出土。

灰白胎，有极细小气孔，胎体较坚。内施满釉，外不及底，釉色光亮。撇口，尖唇，弧腹，玉环形浅圈足，足墙竖直。器壁内外满布酱紫色和黑色交织的兔毫细条纹。足底有白色粉状垫砂。

**黑釉弦纹钵**

金代（1115—1234 年）

口径 14.3 厘米，高 4.4 厘米，底径 15.4 厘米。

新绛县绛州衙署遗址 I 区出土。

土黄胎，局部呈深灰色，夹细小黑砂，胎质稍坚。芒口，内壁及外腹施釉，底部无釉，釉色棕黑，釉面光亮。敞口，方圆唇，竖腹微束，平底微凹。腹壁装饰弦纹。口沿有粘烧痕。

**临汾窑黑釉油滴盘**

金代（1115—1234 年）

口径 23.5 厘米，高 5.4 厘米，底径 10.8 厘米。

新绛县绛州衙署遗址 I 区出土。

黄白胎，夹极细小黑砂，胎质稍坚。内施满釉，外不及底，足部上黑色化妆土，釉面光洁平整。敞口，尖圆唇，浅弧腹，圈足，足墙外高内低，外墙内斜，内墙竖直，足沿窄平。内外壁密集分布铁锈色油滴，泛银光，灿若星空，熠熠生辉。足沿有粘砂。

## 酱釉盏托

金代（1115—1234 年）

托座口径 4 厘米，托盘径 8.5 厘米，底径 3.9 厘米。

新绛县绛州衙署遗址 I 区出土。

黄褐色胎，夹细白砂，胎质较坚。内施满釉，外不及底，圈足内无釉。釉色光亮，呈色不均。整体由中部的托座、四周的托盘结合而成。托座，敛口，尖唇，浅弧腹，底部中空；托盘，尖唇，口微翘，浅腹，圈足，足墙竖直，足沿平切。器型规整。光素无纹。

## 白釉黑彩开光牡丹纹罐

金元（1115—1368 年）

口径 17 厘米，高 18 厘米，底径 12 厘米。

新绛县绛州衙署遗址 I 区出土。

红褐色胎，胎质较坚，胎体稍厚重。芒口，内施酱黑釉，外施白釉至底，釉色泛黄，先施酱黑釉，再上化妆土，彩绘后罩透明釉，足部无釉。釉面不甚光洁。直口，方唇，短颈，丰肩，弧腹内收至底，环形圈足。外壁黑彩涂绘图案，自口至底，可分三层纹饰，间以粗细不等的弦纹间隔，颈部一处简绘草叶纹，肩部绘一周缠枝花卉，腹部开光装饰，内绘三组折枝牡丹纹，纹饰粗简。

## 黑釉鸡腿瓶

宋金（960—1279 年）

口径 3.5 厘米，高 41.5 厘米，底径 9 厘米。

新绛县绛州衙署遗址 I 区出土。

土黄胎，夹砂，较粗疏，胎体厚重。除肩部及圈足外，内外皆施亮黑釉，釉面不平，有粘烧痕。梯形小口，短束颈，圆肩，深腹至底内收，隐圈足。器壁上下皆有较粗旋坯痕。肩部露胎处有白色化妆土。

## 钧釉碗

元代（1271—1368 年）

口径 11 厘米，足径 4.4 厘米，高 5.3 厘米。

新绛县绛州衙署遗址 II 区出土。

胎色灰白，胎体较坚致、细腻，夹极细小黑砂。内
外施釉皆不到底，釉色天蓝，釉面平整光洁，满布
细碎开片，釉下有密集气泡，有"垂釉"现象。口
微敛，圆唇，竖腹微弧，圈足，足墙外高内低，外
墙竖直，内墙外斜，足沿平切，削足不甚规整，足
心有乳突。光素无纹。足心墨书似"刘"字。

## 龙泉窑青釉刻花菊纹盘

明代（1368—1644 年）

口径 22.3 厘米，足径 6.4 厘米，高 5.6 厘米。

新绛县绛州衙署遗址 II 区出土。

灰白胎，较坚致、厚重，有细小气孔。内施满釉，外至足沿，釉色青绿，满布开片，釉下可见密集气泡，偶见"爆
釉点"。口微敞，尖圆唇，折沿，浅弧腹，圈足，足墙内外齐平，外墙内斜，内墙外斜，足沿较尖。内腹刻花装饰
菊纹，纹饰不甚清晰。

## 龙泉窑青釉刻花菊纹碗

明代（1368—1644 年）

口径 12.4 厘米，足径 5 厘米，高 7.1 厘米。

新绛县绛州衙署遗址 Ⅱ 区出土。

灰白胎，胎体坚致，较厚重，胎质较细腻，有细小气孔。除足心刮釉一圈外，余皆施釉，釉色青绿，釉面莹润光洁，满布开片。口微敞，圆唇，深弧腹，小圈足，足墙较直，内外齐平，足沿较圆，足心有乳突。俗称"鸡心碗"。外腹通体刻花装饰变体莲瓣纹，内壁光素无纹。露胎处有火石红。

## 龙泉窑青釉印花花卉纹碗

明代（1368—1644 年）

口径 17.6 厘米，足径 6.5 厘米，高 8.5 厘米。

新绛县绛州衙署遗址 Ⅱ 区出土。

灰白胎，较坚致，有细小气孔。除足心刮釉一圈外，内外施釉，釉色青绿，釉面光滑平整。口微敞，凸圆唇，深弧腹，圈足，足墙外高内低，外墙内斜，内墙外斜，足沿圆滚。内壁印花装饰花卉纹，纹饰较清晰，余皆光素无纹。露胎处有火石红。

## 景德镇窑青花"喜禄封侯"纹盘

明代（1368—1644 年）

口径 13.7 厘米，足径 8.1 厘米，高 2.8 厘米。

新绛县绛州衙署遗址 II 区出土。

胎色洁白，胎体坚薄，胎质细腻。除足沿外，内外施釉，白釉泛青，釉面光洁，足心有少量"爆釉点"。敞口，尖圆唇，浅弧腹，平底，圈足，足墙内弧，内外齐平，尖足沿。器壁内外勾边填彩描绘纹饰，内壁及底分绘蜂、鹊、鹿、猴及山石花卉纹，寓意"喜禄封侯"，外腹绘缠枝花卉，纹饰粗简，形象模糊，口沿内外及近底处分布绘弦纹，青花发色蓝艳。足心有青花方形花押款。足部粘砂。足沿微泛火石红。

## 景德镇青花云鹤纹碗

明代（1368—1644 年）

口径 12.1 厘米，足径 4.9 厘米，高 5.9 厘米。

新绛县绛州衙署遗址 II 区出土。

胎色洁白，胎体坚致，胎质细腻。除足沿外，内外施釉，釉色泛青，釉面较光洁。撇口、尖唇、深弧腹、圈足，足墙内弧，外低内高，足沿尖圆。内外壁青花勾边填彩描绘云鹤纹，外腹为两组首尾相呼应的鹤纹，一鹤振翅作起飞状，一鹤高翔作回首状，间以云纹，内底绘一飞鹤及云纹，口沿及近底处有弦纹，形象生动，青花发色蓝中泛紫，色彩溢出边线。足心有"大明嘉靖年制"双行六字楷书款，字体不甚规整。

## 景德镇青花缠枝莲纹碗

明代（1368—1644 年）

口径 13.4 厘米，足径 5.2 厘米，高 6.1 厘米。

新绛县绛州衙署遗址 II 区出土。

胎色洁白，胎体坚致，有细小气孔，胎质较细腻。除足沿外，内外施釉，釉色泛青，釉面光洁。蹲式碗，撇口，尖唇，深弧腹，圈足，足墙竖直，内外齐平，足沿尖圆。内外壁青花单线勾描缠枝莲纹，口沿及近底处有锦地纹及双弦纹，纹饰简练，线条流畅，青花发色翠艳，有晕散，局部有铁锈斑。

## 景德镇五彩仙鹤纹碗

明代（1368—1644 年）

口径 15.8 厘米，足径 6.1 厘米，高 6.6 厘米。

新绛县绛州衙署遗址 I 区出土。

细白胎，坚致，细腻。除足沿外，内外施釉，釉色较白，釉面较光洁。撇口，尖唇，弧腹，圈足，足墙内斜，内外齐平，足沿较尖。外腹描绘折枝花卉及仙鹤纹，内底描绘折枝花卉，黑彩勾边，黄、绿填彩，局部红彩描绘，色彩丰富，纹饰规整，布局疏朗。足沿有粘砂。

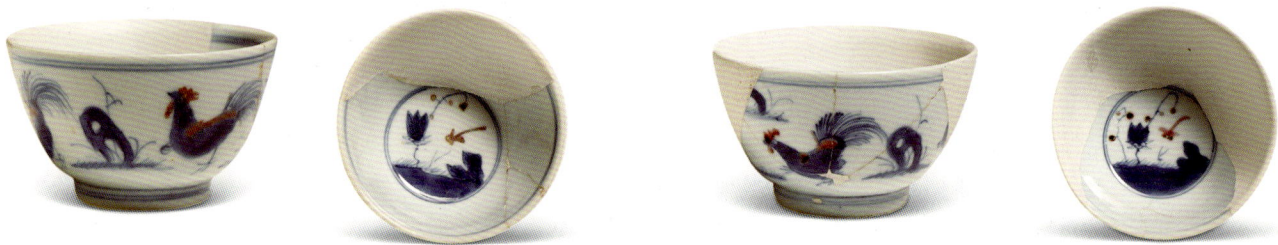

## 景德镇青花釉里红小荷蜻蜓鸡纹杯

清代（1644—1911 年）

（上）口径 8.9 厘米，足径 4.4 厘米，高 5.2 厘米。

（下）口径 9 厘米，足径 4.2 厘米，高 5.1 厘米。

新绛县绛州衙署遗址 II 区出土。

胎色洁白，胎体坚致，胎质细腻。除足沿外，内外施釉，釉色泛青，釉面光洁。敞口，尖唇，深弧腹，圈足，足墙内弧，内外齐平，足沿向内斜切。器身用混水画法描绘纹饰，外腹绘山石花草公鸡纹，花蕊、鸡冠和局部羽毛用釉里红点染，纹饰生动，形象多样，富有动感，内底为小荷蜻蜓纹，"小荷才露尖尖角，早有蜻蜓立上头"，意趣盎然，是一幅活化了的杨万里《小池》图，青花发色蓝艳，釉里红发色较纯正，局部发酱黄色。当为清代早期景德镇产品。

## 白釉瓷盒

北宋（960—1127 年）

口径 3.7 厘米，高 3 厘米，底径 5.2 厘米。

新绛县绛州衙署遗址 I 区出土。

盖失，仅存盒身。胎体洁白，胎质细腻。除口沿和底沿外，内外皆施釉，釉色洁白，釉面光滑平整。子口，尖唇，竖腹微弧，底内凹，器型小巧精细。光素无纹。

## 白釉瓷盒

北宋（960—1127 年）

口径 6.7 厘米，高 2.5 厘米，底径 3.8 厘米。

新绛县绛州衙署遗址 I 区出土。

盖失，仅存盒身。白胎，略疏。外施满釉，口沿及内壁无釉，釉面失光，呈粉红色。子口，直壁内折，斜收至底，卧足。光素无纹。

**牡丹花形金头饰**

金代（1115—1234 年）

长 2.3 厘米，宽 2.2 厘米，厚 0.2 厘米。

新绛县绛州衙署遗址 I 区出土。

镂空牡丹花形，金片先经锤揲，后錾刻出纹样。

**荔枝花卉纹金发簪**

元代（1271—1368 年）

长 3.1 厘米，宽 2.8 厘米。

新绛县绛州衙署遗址 II 区出土。

残存簪首，呈不规则片状，背面残留固定簪体部分。采用打条、穿结、锤揲、錾刻等工艺，正面装饰荔枝、花卉等纹饰，工艺精湛。

**灰陶暖砚**

元代（1271—1368 年）

长 19.2 厘米，宽 18.4—21 厘米，高 8.5 厘米。

新绛县绛州衙署遗址 II 区出土。

砚面呈梯形。砚首窄，砚尾宽。带座，中空，双砚池，砚边出沿。砚首两侧有圆孔，砚堂呈"亚"字形，砚岗较高，微弧，砚池较深，沿部方唇，砚面边缘有突棱一周，砚侧模印龙纹及花卉纹。砚尾端侧面开半圆形门洞。砚面有磨痕。泥质灰陶，较细腻，胎体熏黑。砚底可见接痕及手指涂抹印痕。

**骨牌、骨刷**

清（1644—1911 年）

（左）长 3.6—5 厘米，宽 2—2.5 厘米，厚 0.4—0.5 厘米。

（右）残长 9.8 厘米，宽 1.4 厘米，厚 0.2—0.6 厘米。

新绛县绛州衙署遗址 II 区出土。

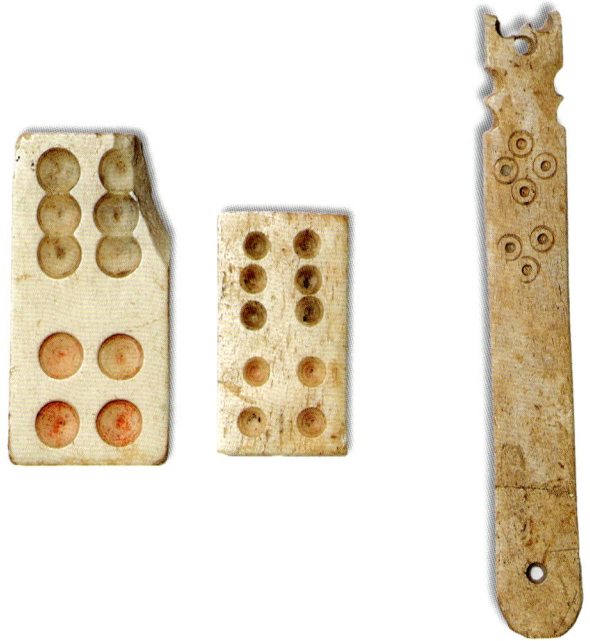

**石质围棋子**

宋元（960—1368 年）

直径 2.2 厘米。

新绛县绛州衙署遗址 I 区出土。

**蓝色玻璃围棋子**

清代（1644—1911 年）

直径 2.3 厘米，厚 0.7 厘米。

新绛县绛州衙署遗址 II 区出土。

**石质象棋子**

清（1644—1911 年）

直径 3.2 厘米，厚 1.1 厘米。

新绛县绛州衙署遗址 I 区出土。